Buch

Die Wunderkraft der Wertschätzung liegt als verborgene Energiequelle in uns. Wir können sie jederzeit aktivieren. Kurt Tepperwein gibt uns in seinem neuen Buch zehn griffige Methoden dafür an die Hand. Zum Beispiel uns selbst zu erkennen, denn nur dann können wir lernen, uns wertzuschätzen. Oder in allem, was wir tun, achtsam zu sein. Denn wenn wir Wertschätzung geben und empfangen, wird unser Alltag und unser Umgang mit den Menschen in unserer Umgebung zielgerichteter und erfüllter sein.

Autor

Kurt Tepperwein, geboren 1932, früher erfolgreicher Unternehmer, ist heute einer der bekanntesten Lebenslehrer Europas. Er lehrte als Dozent an verschiedenen internationalen Institutionen. Die von ihm entwickelte Technik des Mental- und Intuitionstrainings ist für viele heute ein unverzichtbarer Bestandteil ihres Lebens. Kurt Tepperwein ist Autor von mehr als 80 Büchern, zahlreichen DVDs, Audiotapes und CDs. Wenn er sich nicht auf Vortragsreise befindet, lebt er auf Teneriffa.

Von Kurt Tepperwein außerdem im Programm:

Lebe deine Kraft (17296)
Die Kraft der Intuition (17272)
Die Kunst mühelosen Lernens (10459)

Kurt Tepperwein

Die Heilkraft
der Wertschätzung

10 Wege zu einem erfüllteren Leben

GOLDMANN

Die Ratschläge in diesem Buch wurden von dem Autor und vom Verlag sorgfältig erwogen und geprüft, dennoch kann eine Garantie nicht übernommen werden. Eine Haftung des Autors bzw. des Verlags und seiner Beauftragten für Personen-, Sach- und Vermögensschäden ist ausgeschlossen.

Verlagsgruppe Random House FSC® N001967
Das für dieses Buch verwendete FSC®-zertifizierte Papier
Classic 95 liefert Stora Enso, Finnland.

1. Auflage
Originalausgabe August 2013
Wilhelm Goldmann Verlag, München,
in der Verlagsgruppe Random House GmbH
© 2013 Wilhelm Goldmann Verlag, München,
in der Verlagsgruppe Random House GmbH
Umschlaggestaltung: Uno Werbeagentur, München
Umschlagmotiv: FinePic, München
Satz: Uhl + Massopust, Aalen
Druck und Bindung: GGP Media GmbH, Pößneck
BK · Herstellung: IH
Printed in Germany
ISBN 978-3-442-17363-1

www.goldmann-verlag.de

Besuchen Sie den Goldmann Verlag im Netz

Inhalt

Einblick		7
1.	Der Code der Selbstwertschätzung	11
2.	Der Code des Denkens	57
3.	Der Code der Achtsamkeit	80
4.	Der Code der Schwingung und Resonanz	102
5.	Der Code der Heilung	118
6.	Der Code des Glaubens und der Erkenntnis	145
7.	Der Code des Vertrauens	156
8.	Der Code des Dankens und Segnens	170
9.	Der Code der Freude	185
10.	Der Code der Liebe	199
11.	Praktischer Umgang mit dem Buch	220
Ausblick		224
Außerdem von Kurt Tepperwein erschienen		229
Register		231

Einblick

Liebe Leser, sprechen Sie die vergessene Sprache der Wertschätzung? Beherrschen Sie Zauberworte, die Herzenstüren öffnen? In diesem Buch erfahren und aktivieren Sie den Code, der Ihnen den Zugang zu anderen erlaubt und mit dem Sie wertvolle Botschaften übermitteln, empfangen und anwenden können. Botschaften, die Ihr ganzes Leben verändern können.

Die erste Frage, die Sie sich stellen dürfen, ist, wie Sie Wertschätzung in Ihrem Leben erfahren. Welche Wertschätzungen pflegen Sie bereits? Dürfen Sie schöne Erfahrungen damit machen? Welche Wertvorstellungen bereichern Ihr Leben?

Im zweiten Schritt dürfen Sie sich fragen, ob Sie über ein Bewusstsein für Wertschätzung verfügen. Zeigen Sie Wertschätzung, und umgekehrt, empfangen Sie von anderen Menschen Wertschätzung? Wie gehen Sie mit Wertschätzung in Ihrer Partnerschaft um? Im Beruf? Im Team? Zeigen Sie Wertschätzung, wenn ein Kellner Sie besonders freundlich bedient? Der Postbote auch bei Schnee und Eis Ihre Briefe bringt? Wie gehen Sie mit den großen und kleinen Geschenken des Lebens um? Fühlen Sie Dankbarkeit und Wertschätzung dem Leben, Ihrem Leben, gegenüber? Was ist das Leben für Sie?

8 Einblick

Es gibt viele Ansichten über das Leben. Für den einen ist das Leben eine Pflicht, die erfüllt werden muss. Für den anderen vielleicht eine Strafe. Wiederum ein anderer erlebt das Leben als Chance, die es zu ergreifen gilt. Für den einen ist Leben eine ständige Geburt, für den anderen ein langsames Sterben. Der eine sieht Leben als Sport, als ständiges Abenteuer, als Herausforderung. Der andere erlebt sein Leben als Auftrag, als Berufung und als Möglichkeit, ein Kunstwerk daraus zu formen. Wieder ein anderer erlebt das Leben als Schule, in der er ständig lernen darf.

Sie können vom Leben alles haben, wenn Sie mit Ihrem Denkinstrument optimal umgehen und seine faszinierenden Möglichkeiten nutzen, um Ihr Leben bewusst nach Ihren Wünschen zu gestalten. Sie können alle Ihre Probleme lösen und Ihre Ziele sicher erreichen. Sie dürfen Ihr Schicksal und Ihre Lebensumstände frei bestimmen. Erkennen Sie, was Leben wirklich bedeutet und wie Sie »gemeint« sind. Da Sie vom Leben *alles* haben können, sind Sie eingeladen, Ihr Leben wirklich zu »führen«. Das Leben ist einfach zu wichtig, um es dem Zufall zu überlassen. Sie dürfen sich im Leben als Schöpfer erleben, der die Schöpfung bewusst mitgestaltet – als Lehrer oder als Meister des Augenblicks, der jeden Moment auf neue einmalige Art meistert.

Sie können sich auch als höchstes Bewusstsein erkennen, als Individuum, als ungetrennten Teil des einen Bewusstseins, der *einen Kraft*, die da ist hinter allem, über allem und in allem. Dann ist die »Illusion des Egos« verschwunden, die scheinbare Trennung beendet, die Einheit wieder hergestellt. Die Tür geht dabei immer nach innen auf. Sie dürfen sich erinnern an das, was Sie im tiefsten Inneren sind.

Wenn Sie in diesem Bewusstsein der Einheit leben, dann lassen Sie allem, was Sie erleben und was Ihnen begegnet, Wertschätzung entgegenströmen. Diese Wertschätzung hat eine verbindende Qualität. Das, was Sie lieben, liebt Sie spiegelgleich wieder. Daraus erwächst ein riesiger Strom der Energie: Sie sind angeschlossen an die übersprudelnde, wundervolle Quelle allen *Seins*. Dieser Energiestrom versorgt und nährt Sie mit allem, was Sie brauchen und was zu Ihnen gehört: Gesundheit und Glück, Erfolg und Erfüllung, Wohlstand und Wohlbefinden.

Sie dürfen Wertschätzung im persönlichen und beruflichen Bereich wahrnehmen und praktizieren – am besten in jedem Augenblick Ihres Lebens. Lassen Sie sich überraschen von den Veränderungen und Wandlungen, die diese ganz neue Dimension der Umgangskultur mit sich bringt.

Sie haben sich schon immer eine märchenhafte Partnerschaft gewünscht? Sie träumen von einem Arbeitsklima, in dem die Tätigkeit im Team, der Umgang mit Kollegen und Kunden Freude bereitet?

Die zehn Codes der Wertschätzung, die Sie in diesem Buch kennenlernen, sind eng verbunden mit Werten und mit Werterhaltung. Mit der Wunderkraft der Wertschätzung eröffnet sich eine Beziehungskultur, die den Privatbereich und die Arbeitswelt verändern kann mit Ausstrahlung auf die gesamte Gesellschaft.

Der beste Tag – heute.

Die beste Arbeit – was Sie gern tun.

Das beste Spiel – Arbeit.

Der größte Fehltritt – Egoismus.

Der größte Fehler – Aufgeben.

Das größte Geschenk, das man geben oder erhalten kann – Liebe.

Der größte Wettkampf, den es zu gewinnen gilt – ein langes und vitales Leben.

Der klügste Mensch – einer, der immer das tut, von dem er glaubt, dass es richtig ist.

Der bewusste Mensch – einer, der im Einklang mit der *einen Kraft* wirkt und Wertschätzung wahrnimmt und praktiziert.

Herzlichen Glückwunsch zu Ihrem Weg als bewusster Mensch, der Wertschätzung zeigt und schenkt, empfängt und damit wahrhaftig lebt!

Ihr
Kurt Tepperwein

1. Der Code der Selbstwertschätzung

Die erste und wichtigste Frage ist: Wer bin ich? Als wen empfinde ich mich? Als wer lebe ich? Und: Mag ich mich?

Die größte Entdeckung, die man in einem Leben machen kann, ist die Entdeckung: »Wer bin ich?« Und zwar: »Wer bin ich wirklich?« Das bedeutet zu erkennen, ich habe einen Körper, aber ich bin nicht dieser Körper. Ich haben einen Verstand, ein Gemüt, ein Ego, eine Persönlichkeit usw. Aber alles das bin ich nicht. Ich kann mir all die verschiedenen Aspekte bewusst machen und klären, mit wem ich mich identifiziere.

Wenn ich in den Spiegel schaue, sehe ich einen Körper und kann sagen: »Das ist mein Körper.« Wer aber sagt das? Der Körper kann sich ja nicht selbst gehören. Es muss also jemand in diesem Körper sein, der sagt: »Dies ist mein Körper.« Der Körper ist Materie. Materie aber kann nicht denken, kann nicht fühlen, kann sich nicht erinnern. Das alles kann nur das Bewusstsein.

Ich aber kann denken, fühlen, mich erinnern und Sehnsucht haben nach meiner eigenen Vollkommenheit. Also bin ich Bewusstsein. Ich bin nicht der Körper, nicht der Verstand, nicht das Gemüt und auch nicht das Unterbewusstsein. Ich bin nicht der Name, den ich trage, und auch nicht die Rolle, die ich spiele.

Ich bin vollkommenes, unsterbliches Bewusstsein. Ich war immer und werde immer sein, denn *ich bin*. Ich komme aus der Einheit und bin auf dem Weg über die Vielfalt zurück zur Einheit. »Ich bin Bewusstsein«, ein »Individuum«, ein untrennbarer Teil des *einen* Bewusstseins, der *einen Kraft*. Ich werde weder geboren, noch kann ich alt werden oder sterben. Das alles sind Erfahrungen des Körpers. Ich aber bin, war immer und werde immer sein. Das führt zu Ehrfurcht vor sich selbst und zur Selbstwertschätzung.

Leider gehen viele Menschen als »ich« (Ego) ins *Selbst*. Sie nehmen die Illusion mit in die Wirklichkeit. Allmählich reduziert sich das *Selbst* wieder auf das »Ich«, und alles ist wie zuvor. Um was es geht, ist aus der eigenen Mitte heraus zu leben und von dort in die verschiedenen Aspekte zu gehen – in die Persönlichkeit, in die Partnerschaft, in die Berufung.

Die eigene Mitte, das ist die Selbst-Identifikation: *Ich selbst* bin unsterblich. Wenn ich als *ich selbst* in meinen Beruf gehe, erkenne ich bewusst meine Berufung und weiß, was zu tun ist. Mit dieser Erkenntnis kann ich in mir Selbst, in meiner Mitte ruhen. Aus dieser Mitte kann ich als *ich selbst* in meine Partnerschaft gehen und erkennen, was stimmt oder auch nicht stimmt, und dann wieder in meiner Mitte ruhen.

Ganz bewusst kann ich auch als *ich selbst* in meinen Verstand gehen und mich selbst als den Denker erleben, der die Gedanken beobachtet, verändert und schafft.

Sie sind eingeladen, den Weg der Selbsterkenntnis zu gehen und den Code der Selbstwertschätzung anzuwenden. Je bewusster ein Mensch gelernt hat, sich selbst zu beobachten und zu erkennen, je mehr er um seine Stärken und

Schwächen weiß, umso umfassender wird er auch einen anderen erkennen können. Man könnte sogar sagen, dass ein Mensch einen anderen nur soweit erkennen kann, als er sich selbst erkannt hat. Aber nur wenige sind bereit, der Wahrheit ins Gesicht zu sehen. Dabei ist Selbsterkenntnis der erste Schritt zur Selbstverwirklichung. Wer andere erkennt, ist klug. Wer sich selbst erkennt, ist weise!

Schon über dem Tempel des Apollo in Delphi stand der Satz: »Erkenne dich selbst.« Im Inneren des Tempels folgte die Fortsetzung des Satzes: »... dann erkennst du GOTT!« Mit der Aufforderung »Erkenne dich selbst« ist die Aufforderung verbunden: »Sei du selbst.« Wahre Selbsterkenntnis führt so immer zur Erkenntnis des Göttlichen, zu der *einen Kraft.* So wird Selbsterkenntnis zur Erkenntnis der Schöpfung und die Erkenntnis der Schöpfung zur Selbsterkenntnis.

Das berühmteste Orakel aller Zeiten und der ganzen Welt war ohne Zweifel das von Delphi. An diesem Ort, dem Apollotempel, ging es weniger um die Vorhersage der Zukunft, vielmehr standen Selbsterkenntnis, Erfahrung, Reife und Sinnsuche im Vordergrund. In Delphi liegt die Wiege jeder Selbstbefragung. Das ist das Wesentliche an Delphi, und darin liegt die magische Kraft: Die Fragenden dürfen hören, nachdenken und schließlich entscheiden. Es ist auch interessant, dass die Fragestellung an die Pythia, die weissagende Priesterin von Delphi, stets mit einem finanziellen Opfer verbunden war. Die Fragenden mussten eine Abgabe, die sogenannte Pelanos, bezahlen. Weiter gehörte zu den Regeln, dass man das Heiligtum nur gereinigt betreten durfte:

Eintrete in das Heiligtum des reinen Gottes,
nachdem du deine Seele mit Quellwasser benetztest.

Durch eine Beschreibung des Euripides wissen wir, dass mit dem Wasser des Kastalia-Brunnens der Apollotempel immer wieder gereinigt wurde. Am Kastalia-Brunnen wuschen sich alle im Heiligtum Tätigen, auch die Pythia. Das Wasser sollte den Fragenden, Theopropen genannt, Weisheit geben. Auch dies ist eine weitere Stufe der Einweihung. Es geht um die richtige innere Einstellung, bevor die Theopropen dann mit lauter Stimme ihre Fragen stellten.

Die Reinigung ist ein wesentliches Moment für eine gute Beratung durch das Orakel. Erst wenn man selbst eine Reinigung – das heißt eine Befragung des eigenen Gewissens – vorgenommen hat, ist man in der Lage, das Orakel richtig zu verstehen.

In Delphi standen sieben Weisheiten der Selbsterkenntnis im Mittelpunkt. Wer diese sieben Weisheiten im Tiefsten begreift, benötigt im Grunde auf keine Frage mehr eine Antwort.

Erste Weisheit:
»Erkenne dich selbst, dann erkennst du Gott.«
Diese Weisheit drückt aus: »Erkenne, dass du ein Mensch bist, in dem das Göttliche, die *eine Kraft*, lebt.«

Zweite Weisheit:

»Alles fließt.«

Diese Weisheit bezieht sich auf die Seele. Die Seele ruht nie, sie entwickelt sich stets. Sie weiß um das Kommen und Gehen, um die stete Veränderung. Zum Leben gehört, sich ständig neu auf Situationen einzustellen und Veränderungen zu akzeptieren. Bewegen Sie sich freudig und geschmeidig im Fluss des Lebens mit.

Dritte Weisheit:

»Nutze die Zeit.«

Zeit ist das kostbarste Gut. Um was es geht, ist die Zeit sinnvoll zu nutzen und nicht immer mehr ungenutzte Zeit als höchstes Ziel anzustreben oder gar die Zeit »totzuschlagen«.

Vierte Weisheit:

»Alles ist eitel.«

Diese Weisheit möchte zu der Selbsterkenntnis führen, dass all unsere Handlungen in erster Linie der eigenen, stolzen Gefallsucht entspringen. Egal, was wir tun, ob wir lieben oder meinen, uns für andere einzusetzen. Hier gilt es, bewusst den Weg vom Ego zum Selbst zu gehen.

Fünfte Weisheit:

»Eile mit Weile.«

Hiermit ist die Kombination aus Tätigkeit und Innehalten gemeint. »Weile« bedeutet, Zeit zu haben: für Meditation, Naturerleben, für Menschen. Erst, wenn dies gelebt wird, wird Handlung schöpferisch. Dann kann Zielklarheit entstehen.

Sechste Weisheit:

»Nichts im Übermaß.«

Dies ist ein Aufruf zur Mäßigung, zum Stimmig-*sein* auf allen Ebenen.

Siebte Weisheit:

»Dem Schicksal kann niemand entfliehen.«

Diese Weisheit hieß ursprünglich »Seinem Schicksal kann niemand entfliehen.« Das bedeutet, dass gemeistert werden darf, was man selbst verursacht hat. Das »Wie« liegt in der Hand des Einzelnen.

Die tiefste Wahrheit Delphis lässt sich in einem Satz zusammenfassen:

Das Rätsel löst sich von innen,
denn was auf uns zukommt,
kommt aus uns.

Wer dies begreift, der hat Delphi in seiner ganzen Größe verstanden.

Sie dürfen nun Ihre persönlichen Schritte auf dem Weg der Selbsterkenntnis – der Voraussetzung für Selbstwertschätzung – gehen. Sie sind eingeladen, sich mit folgenden Fragen zu befassen, am besten in Ruhe und schriftlich:

Mein Leben wird bestimmt von

- Verstand
- Willen
- Erziehung
- Umständen
- Ego
- Launen
- Unterbewusstsein
- Krankheit
- Beruf
- Aufgaben
- Rollen
- Vergangenheit
- Geld verdienen
- Wünsche erfüllen
- Ziele erreichen

Beruflich bin ich

- beharrlich
- ungeduldig
- gelassen
- strebsam
- zufrieden
- zielsicher
- überlastet
- am Ende

Als Partner bin ich

- liebevoll
- ausgeglichen
- tolerant
- ausgleichend
- anspruchsvoll

Als Vater/Mutter bin ich

- verständnisvoll
- gütig
- jähzornig
- ungeduldig
- immer hilfsbereit
- inkonsequent
- großzügig
- streng
- vorbildlich

Zu meinen Eltern bin ich

- liebevoll
- entfremdet
- dankbar
- angstvoll

Meine Vergangenheit war

- mir ein guter Lehrmeister
- ist mir gleichgültig
- bestimmt noch immer mein Leben
- hat die richtigen Weichen gestellt

Gesundheitlich bin ich
- untrainiert
- belastbar
- in Top-Form
- gestresst

Meine Lebensaufgabe habe ich
- erkannt
- gemeistert
- im Griff
- angefangen zu lösen
- noch nicht gefunden

Charakterlich bin ich
- mit mir zufrieden
- auf dem richtigen Weg

Wenn Sie noch mehr über sich wissen möchten, können Sie auch mit verschiedenen hilfreichen Testmöglichkeiten den Weg der Selbsterkenntnis fortsetzen. Lassen Sie sich von den nachfolgenden Testaufgaben und vor allen Dingen von Ihren möglichst spontanen Antworten überraschen:

Assoziationstest (= Verbindung von Gedanken)
Nehmen Sie einmal die verschiedenen Bereiche Ihres Lebens und notieren diese jeweils auf ein Blatt: Ihren Charakter, Ihre Stärken, Ihre Schwächen, Ihre Gesundheit, Ihre Probleme, Ihren Beruf etc. Dann nehmen Sie sich jedes Blatt einzeln

vor und schreiben spontan ohne nachzudenken oder zu bewerten alles auf, was Ihnen jeweils dazu einfällt.

Meditiatives Bilderleben (= Zugang zum Unterbewusstsein im entspannten Zustand)

Entspannen Sie sich, und stellen Sie sich die Frage: Wer bin ich? Nun schauen Sie, welche inneren Bilder spontan aufsteigen. Was bedeuten diese für Sie? Welche Botschaft steckt darin?

Abenteuerreise

Wenn Sie die Einladung zu einer Abenteuerreise erhielten, würden Sie diese annehmen? Wenn ja, warum? Auf diese Abenteuerreise dürfen Sie drei Dinge mitnehmen. Welche nehmen Sie mit und warum gerade diese?

Schlüsselfund

Sie finden einen Schlüssel. Wie sieht er aus? Wofür nehmen Sie ihn mit? Welcher Zugang öffnet sich damit?

Mauerüberquerung

Sie kommen an eine Mauer. Wie überwinden Sie die Mauer? Was wartet hinter der Mauer auf Sie?

Satzergänzungstest

Sie dürfen die folgenden Sätze nach Belieben beenden. Das lässt Ihre innere Weisheit sichtbar werden.

Beispielsätze:

»Als ich Kind war ... musste ich immer brav sein und durfte nicht widersprechen.«

»Als ich Kind war ... waren die Geburtstage und Weihnachten viel schöner als heute.«

»Wenn ich die Möglichkeit hätte ... würde ich studieren und dann Arzt werden, um anderen Menschen zu helfen.«

Nun dürfen Sie Ihre Sätze – auch wieder spontan von innen heraus – vollenden:

Als ich Kind war ...
Wenn ich die Chance hätte ...
Ich möchte ein Mensch sein, der ...
Was ich unbedingt will, ist ...
Ich glaube, ich habe die Fähigkeit ...
Eines Tages werde ich ...
Ich wäre vollkommen glücklich, wenn ...
Wenn ich noch einmal jung wäre, dann ...
Wenn ich erst älter bin, dann ...
Am liebsten würde ich jetzt ...
Mein Leben könnte mir schon gefallen, wenn ...
Wenn ich ..., dann ...
Wenn nicht ..., dann ...

Nun schauen Sie Ihre Sätze an, und lesen Sie aufmerksam die darin enthaltenen Botschaften. Welche Träume und Sehnsüchte liegen darin verborgen? Was können und möchten Sie in die Tat umsetzen? Was in Ihrem Leben verändern? Wo ist was zu tun?

Was ändert sich, wenn Sie sich jetzt lieben und bedingungslos akzeptieren so, wie Sie jetzt gerade sind? Sind Sie sich selbst Ihr bester Freund? Sind Sie für sich selbst wie eine gute Mutter, ein guter Vater oder bester Freund?

Sie dürfen sich immer wieder bewusst machen, dass Sie liebenswert sind – einfach weil Sie da sind. Sie haben allen Grund, sich zu lieben und sich höchste Selbstwertschätzung zu erweisen. Lieben Sie sich selbst, dann werden Sie jemanden finden, der Sie ebenso liebt.

Das geht leicht, wenn Sie die folgenden vier Schritte zu sich selbst gehen.

Schritt 1: Beobachten
Zunächst riskieren Sie gar nichts, wenn Sie einmal Ihr Verhalten beobachten. Nichts verändern, nur wahrnehmen, was ist. Ganz einfach wie beim Atmen. Sie können eingreifen, Sie können es aber auch einfach nur geschehen lassen.

Schritt 2: Erkennen
Durch das Beobachten erkennen Sie, wohin die Energie möchte. Sie können entscheiden, ob Sie ihr folgen oder nicht. Noch ist nichts entschieden, niemand ist irritiert, weil sich Ihr Verhalten geändert hat. Aber Sie erkennen, wo Sie bereit sind, die Energie zuzulassen und wirken zu lassen.

Schritt 3: Einen Teil zulassen

Nun lassen Sie den Teil der Energie zu, dem Sie bereits voll zustimmen können, mit dem Sie sich identifizieren können, mit dessen Wirkung Sie sich wohler, mehr wie sich Selbst fühlen. Dabei erfahren Sie von anderen vielleicht zunächst Kritik oder doch Skepsis, dann aber meist Nachahmung.

Schritt 4: Sein

Nach dieser Erfahrung fassen Sie den Mut, mehr und mehr zuzulassen, was ist. Zu sein, wie Sie wirklich sind und wer Sie wirklich sind. Wobei Sie erst allmählich entdecken werden, wie Sie eigentlich sind, weil Sie ja zuvor Ihr natürliches Sein noch nicht haben geschehen lassen. Sondern immer erst durch den Filter Ihrer Erziehung, der Erwartung und Wünsche der anderen geschickt haben und durch das Bild, das sich andere von Ihnen gemacht haben und das Sie unmerklich angenommen haben. Jetzt erfahren Sie sich pur, so wie Sie wirklich sind, nehmen sich so an, ganz gleich, wie das Ergebnis aussehen mag, denn so sind Sie gemeint.

Ein weiterer wichtiger Schlüssel, den Sie mit dem Code der Selbstwertschätzung erhalten, ist das Loslassen von dem, was Sie belastet:

Den Ärger loslassen

Sie dürfen den Ärger ganz einfach loslassen aus der Erkenntnis heraus, dass das Ärgern alles nur noch ärger macht. Ihr Ärger verbessert die ärgerliche Situation in keiner Weise und trägt auch nicht zur Änderung bei. Den Ärger loszulassen geschieht auch in dem Bewusstsein, dass nichts und niemand auf der Welt die Macht hat, Sie zu ärgern. Der Einzige, der Sie ärgern kann und darum auch die Freiheit genießt, damit aufzuhören, sind Sie selbst – zum Beispiel *jetzt*.

Die Angst loslassen

Sie dürfen die Angst loslassen aus der Erkenntnis, dass Ihre Angst Ihnen nur zeigen will, dass Sie nicht Sie *selbst* sind und dass Ihr Bewusstsein eng ist. Ihre Angst ist nur eine Chance und Aufforderung, Ihr Bewusstsein zu erweitern und sich wieder daran zu erinnern, wer Sie wirklich sind: eins mit der *einen Kraft*, mit der alles möglich ist. Es gibt nichts, das Sie wirklich fürchten müssen, weil Sie selbst verursachen, was Ihnen widerfährt, und das können Sie jederzeit ändern.

Den Stress loslassen

Sie dürfen den Stress loslassen aus der Erkenntnis, dass Stress nur entstehen kann, wenn Sie versuchen, in der zur Verfügung stehenden Zeit mehr zu schaffen, als in der Zeit zu schaffen ist. Das geht nicht, also brauchen Sie es auch nicht zu versuchen. Sobald Sie das Missverhältnis zwischen Wollen und Können beseitigen, verschwindet der Stress so schnell, wie er gekommen ist, ganz von selbst und für immer.

Schuldgefühle loslassen

Sie dürfen die Schuldgefühle loslassen aus der Erkenntnis, dass keiner durch die Schule des Lebens gehen kann ohne Fehler zu machen. Darum ist es unklug, sich deshalb

Schuldgefühle zu machen oder einreden zu lassen. Das Klügste ist, aus Fehlern zu lernen, sie als Chance zu erkennen, Ihr Verhalten entsprechend zu ändern, sobald Sie es als Fehler erkannt haben, und es in Zukunft besser zu machen. Sie befreien sich von Ihren Schuldgefühlen durch die Erkenntnis, dass es in Wirklichkeit keine Schuld gibt, sondern nur mangelndes Verstehen oder mangelndes Wollen. Sie können beides auflösen durch Ihr bewusstes Streben nach Erkenntnis und durch Ihre Bereitschaft, sich entsprechend Ihrer Erkenntnis zu verhalten.

Enttäuschungen loslassen

Sie dürfen Enttäuschungen loslassen aus der Erkenntnis, dass Sie offensichtlich bis dahin in einer Täuschung gelebt haben und der andere gerade schmerzhaft diese Täuschung beendet hat. Im Grunde können Sie dem anderen dankbar sein, dass er Sie auf die Wirklichkeit aufmerksam gemacht hat. Denn nur wenn Sie in der Wirklichkeit leben, haben Sie eine Chance, diese zu ändern und nach Ihren Wünschen zu gestalten.

Erwartungen loslassen

Sie dürfen Erwartungen loslassen aus der Erkenntnis, dass Sie dann auch nicht mehr zu enttäuschen sind. Denn vor jeder Enttäuschung steht immer eine Erwartung. Lassen Sie die Erwartung los, kann man Sie nicht mehr enttäuschen, aber auch nicht mehr ärgern, beleidigen, verletzen, kränken usw. Sobald Sie Ihre Erwartungen losgelassen haben, sind Sie offen für das Leben, so wie es wirklich ist.

Aggressionen loslassen

Sie dürfen Aggressionen loslassen aus der Erkenntnis, dass Ihr Leben so ist, wie Sie es gestalten und dass Sie es ja in jedem Augenblick ändern können. Ihre Aggressionen aber ändern gar nichts. Im Gegenteil, diese führen zu Unbeliebtheit und machen Ihr Leben schwerer, als es ist.

Machen Sie sich bewusst, wieviel »Gift« Aggressionen am Arbeitsplatz, in der Partnerschaft oder auch im Vereinsleben bedeutet. Darum sind Sie eingeladen, sich bewusst zu machen, gegen was Sie in Wirklichkeit eingestellt sind, woher die Emotion Aggression kommt, und wie Sie dieses Thema lösen können. Mit einer aggressionsfreien Haltung kehrt eine ganz neue Umgangs- und Beziehungskultur im Berufs- und Privatleben ein. Hilfreich ist dabei das Motto »Lob ist Dünger, Kritik ist Gift«. Dadurch ändern Sie sich und die Qualität Ihres Lebens.

Minderwertigkeitsgefühle loslassen

Sie dürfen Minderwertigkeitsgefühle loslassen aus der Erkenntnis, dass niemand minderwertig ist, da jeder ein Teil der *einen Kraft* ist, die in allem und jedem ist. Niemand steht über Ihnen, es steht aber auch niemand unter Ihnen. Wir sind alle gleich, nur mit einem unterschiedlich erwachten Bewusstsein.

Die Vergangenheit loslassen

Sie dürfen die Vergangenheit loslassen aus der Erkenntnis, dass sie vorbei ist und nie mehr wiederkommt. Warum sollten Sie diese immer noch mit sich herumschleppen? Also können sie alles Alte loslassen: alte Vorstellungen, Grenzen, Ziele, überholte Programme, Muster und Prägungen, negatives Denken ebenso wie ein negatives Selbstbild, die Rolle, die Sie spielen, Ihre Erziehung und den Umwelteinfluss und die damit verbundenen Normen und Klischees. Sie dürfen auch den falschen Beruf loslassen und alles das, was nicht mehr wirklich zu Ihnen gehört. Dann sind Sie endlich frei, Sie *selbst* zu sein.

Den Egoismus loslassen

Sie dürfen Eitelkeit und Neid loslassen. Warum sollten Sie auch einen anderen beneiden, wenn Sie selbst alles erreichen können. Eine Belastung ist auch das Schwarzsehen. Wenn Sie einmal Ihre Sorgen anschauen, die Sie sich gemacht haben, werden Sie feststellen, dass die meisten sich nicht bewahrheitet haben. Erwarten Sie darum immer nur das Beste.

Schlechte Angewohnheiten loslassen

Sie dürfen die Gewohnheit loslassen, Dinge aufzuschieben, und die Gewohnheit, vor unangenehmen Situationen davonzulaufen, anstatt diese sofort beim Auftreten zu meistern. Verabschieden Sie die Gewohnheit, zu viel zu reden und zu wenig zuzuhören. Zeigen Sie dem anderen Wertschätzung, indem Sie zuhören. Sie können nichts lernen, wenn Sie nur reden. Man kann aber immer etwas lernen, wenn man dem anderen aufmerksam zuhört. Loslassen können Sie auch das Verlangen nach Rache für tatsächliche oder eingebildete Kränkungen durch andere. Dies aus der Erkenntnis heraus, dass niemand die Macht hat, Sie wirklich zu kränken.

Selbstmitleid loslassen

Die Vergangenheit können Sie nicht verändern. Da hilft kein Selbstmitleid, doch die Zukunft gehört Ihnen. Dort ist noch alles möglich, deshalb sollten Sie niemals Ihre Kraft durch Selbstmitleid vergeuden. Erkennen Sie, dass Sie Ihr Schicksal selbst verursacht haben und dass Sie der Einzige sind, der es ändern kann. Sie dürfen Ihre ganze Kraft für die bewusste Gestaltung Ihrer Zukunft einsetzen.

Selbstmitleid ist auch überflüssig, da Sie ja die beklagten Umstände jederzeit ändern können. Nur durch diese Erkenntnis ist Veränderung möglich. Selbstmitleid raubt Kraft, verschwendet Zeit und belastet die Gesundheit. Die beste Strategie ist, sobald Sie eine Spur von Selbstmitleid entdecken, dieses zu erfassen und aufzulösen. Selbstmitleid schwächt und führt zu einer destruktiven, depressiven Haltung – das genaue Gegenteil von Selbstwertschätzung.

Reue loslassen

Es gibt keine größere Zeit- und Energieverschwendung als Reue. Sie haben es in der Hand, Ihr Leben ganz einfach zu ändern, indem Sie jedes Mal, wenn Sie denken: »Wenn nur ...«, diese Worte gleich umformen zu: »Das nächste Mal ...« – »das nächste Mal werde ich offen sprechen«, »das nächste Mal ergreife ich meine Chance« ... Und machen Sie es sich zur Gewohnheit, tatsächlich zu tun, was zu tun ist, wenn das nächste Mal gekommen ist.

Den Eigenwillen loslassen

Sie dürfen auch Ihren Eigenwillen loslassen aus der Erkenntnis, dass das Leben ohnehin das Beste für Sie will. Lassen Sie los, gefragt werden zu wollen, verstanden werden zu wollen, beachtet und geliebt werden zu wollen, Recht haben zu wollen, sich durchsetzen zu wollen, es besser wissen zu wollen, mehr sein zu wollen, ein guter Mensch sein zu wollen, siegen zu wollen, glücklich sein zu wollen. Sie sind eingeladen loszulassen, überhaupt zu wollen. Dann sind Sie endlich frei, zu sein, wie Sie sind und wer Sie sind.

Durch Loslassen kommt Gelassenheit in Ihr Leben. Gelassen sein heißt, die anderen und sich selbst so lassen zu können, wie sie sind. Sie dürfen sich selbst annehmen, wie Sie sind. Häufig wird Gelassenheit mit Lässigkeit oder gar Nachlässigkeit verwechselt. In Wirklichkeit kommt Gelassenheit aus der Ausgeglichenheit von Seele und Geist. Gelassenheit ist etwas Herrliches und der reinste Ausdruck seelischer Gesundheit. Gelassenheit wird bewundert und von den meisten Menschen ersehnt. Wer gelassen ist, hat eine hohe Stufe menschlichen Seins erreicht. Er ist seelisch nahezu unverwundbar geworden. Gelassenheit hat auch nichts mit einem »dicken Fell« zu tun. Wer ein dickes Fell besitzt, ist nur dickhäutig und damit stumpf. Auch wer sich einredet, dass er »über den Dingen steht«, weil er Erfolg im Leben hat oder hohes Ansehen genießt, ist deshalb noch nicht gelassen. Diese zur Schau gestellte Scheingelassenheit bricht unter Belastung schnell zusammen.

Wahre Gelassenheit ist deshalb so selten, weil sie nicht

durch einen Psycho-Schnellkurs erworben werden kann, sondern nur durch eine Änderung Ihres So-*seins*. Gelassenheit stellt sich nicht von selbst ein, sondern ist ein Ausdruck geistig-seelischer Größe. Je mehr ich *ich selbst bin*, desto gelassener bin ich.

Wie aber werde ich *ich selbst*? Da ich schon *ich selbst* bin und schon immer war, brauche ich es nicht mehr zu werden. Ich brauche nur zuzulassen, wirklich *ich selbst* zu sein. Das erreiche ich, indem ich alles loslasse, was nicht oder nicht mehr zu mir gehört. Indem ich so eins nach dem anderen loslasse, werde ich immer mehr *ich selbst* und damit gelassener, aber auch immer herzlicher.

Im Zustand der Gelassenheit brauchen Sie sich auch nicht mehr darum zu kümmern, ob etwas richtig oder falsch ist, sondern nur noch, ob es »stimmt« und ob es zu Ihnen gehört. Materielle Gegebenheiten werden dann als gleichgültig (= gleichermaßen gültig) angesehen und Belastungen als »Auf-Gaben« des Lebens freudig gelöst. Dieses Gelöstsein zeigt sich auf körperlicher Ebene durch das Freisein von Muskelverspannungen und an der auffallenden Grazie der Bewegungen.

In diesem Zustand der Gelassenheit und höchsten Selbstwertschätzung sind Sie nicht mehr bereit, sich an Normen oder die Erwartungen der Gesellschaft anzupassen, wenn diese nicht Ihrem eigenen inneren Maßstab entsprechen. Aus diesem inneren Selbst-Bewusstsein heraus treten Sie der Umwelt aufgeschlossen und aktiv entgegen, freundlich und zuversichtlich, Wertschätzung zeigend.

Sie sind dann wie eine Rose, die sich auch keine Gedanken über ihr Rosesein macht; sie ist einfach sie selbst. Ihr ist es gleich, ob die anderen sie begeistert bewundern oder achtlos an ihr vorübergehen. Die Rose ist sich selbst genug. Aus diesem »Selbst-Bewusstsein« entsteht »Selbst-Sicherheit«: die Freiheit von der Angst, dass andere etwas verurteilen könnten, was Sie gerade tun oder für richtig halten.

Der Schwache will immer allen beweisen, wie stark er ist, um sich ruhig und sicher zu fühlen, und braucht dazu die Bestätigung durch die anderen. Der Starke fühlt seine innere Stärke. Er lebt sie und braucht dazu keine äußeren Beweise.

Der »Selbst-Bewusste« geht gelöst und leicht durch die Welt, angstfrei, aggressionsfrei, unbeschwert von der Vergangenheit und unbelastet von Zukunftssorgen in einem Zustand seelischer Leichtigkeit und Frische. Er lebt bewusst im Hier und Jetzt, erfüllt bewusst diesen Augenblick.

Der Sinn unseres Lebens ist es, Vollkommenheit zu erreichen. Da unser wahres Selbst bereits vollkommen ist und immer war, brauchen wir also Vollkommenheit weder zu erbitten, noch kann man sie »eratmen«, »ermeditieren« oder »erarbeiten«. Sie brauchen sie nur zu erstreben und das loszulassen, was nicht wirklich zu Ihnen gehört.

Zum Code der Selbstwertschätzung gehört auch die Bereinigung des falschen Selbstbildes. Die Phantasie tröstet die Menschen über das hinweg, was sie nicht sein können, und der Humor über das, was sie tatsächlich sind.

Wenn Sie als Kind gelernt haben, Ihr Selbstbild und Ihr Selbstwertgefühl aus dem Lob und der Anerkennung Ihrer Umgebung zu beziehen, dann erfahren Sie dadurch etwas über die Erwartungen und Wünsche der anderen, aber nichts über sich selbst. Sie erfahren, wie die anderen Sie gerne hätten, aber nicht, wie Sie sind. Und so leben Sie in Wirklichkeit gar nicht Ihr Leben, sondern die Vorstellungen und Erwartungen der anderen. Kein Wunder, wenn Sie dann nicht mit Ihrem Leben zufrieden sind, darin keine Erfüllung finden – es ist ja gar nicht »Ihr Leben«. Sie tragen die Kleider der anderen Leute, die Ihnen nicht passen. Und wenn Sie sich dadurch nicht akzeptieren, dann können Sie natürlich auch andere nicht akzeptieren. Denn Selbstwertschätzung und Wertschätzung anderer hängen unmittelbar miteinander zusammen.

Das Ergebnis eines falschen Selbstbildes ist eine tiefe Selbstunsicherheit. Viele Menschen leiden darunter mehr als unter allem anderen. Um dieses Leid nicht ständig zu spüren, schaffen sie sich einen Abwehrpanzer, der kaum noch etwas an sie heranlässt. So spüren sie den Schmerz kaum noch, aber sie leben auch nicht mehr wirklich. Sie ruhen nicht in ihrer Mitte, sondern in ihrer selbstgeschaffenen Vorstellung von sich und dem Leben.

Lassen Sie nicht länger zu, dass Sie »gelebt werden«, sondern fangen Sie an, selbst zu leben. Sorgen Sie dafür, dass Sie am Ende Ihres Lebens sagen können: »Ich habe wirklich gelebt.«

Ein Mensch, der seine Vorstellungen von der Wirklichkeit nicht von der Wirklichkeit unterscheiden kann, ist unrealistisch. Das gilt natürlich auch, wenn Sie Ihre Vorstellung von sich mit Ihrem tatsächlichen Selbst verwechseln. Denn Ihre Vorstellung von sich hat nichts mit der Wirklichkeit zu tun, sondern mit Phantasie. Je mehr Sie in der Vorstellung leben, desto weniger erfahren Sie über die Wirklichkeit und damit über sich Selbst.

Die Krise der Lebensmitte ist ein Selbstheilungsversuch der Seele, ein Drängen, wieder in das Erleben der Wirklichkeit zurückzukehren. Leben Sie von Anfang an in der Wirklichkeit, kommt es gar nicht erst zur Krise. Um zu werden, der Sie sind, dürfen Sie also zunächst einmal erkennen, dass Sie in einer Vorstellung leben. Erst dann können Sie beginnen, die Wirklichkeit wahrzunehmen. Es ist durchaus möglich, dass Sie da auch Unerfreuliches und auch Unerwartetes wahrnehmen. Aber erst, indem Sie sich damit konfrontieren, können Sie es ändern und Ihr Leben frei gestalten.

Zum Code der Selbstwertschätzung gehört darum das Wissen um die große Kraft der inneren Haltung des Einverstandenseins. Dieses Einverstandensein schließt Ihr ganzes Sein und Wesen, so wie es jetzt gerade ist, ein. Die Erlösung einzelner negativer Bewusstseinsinhalte ist eine Folge dieser inneren Haltung. Eine solche Haltung bedeutet jedoch nicht, dass Sie versuchen, Bewusstseinsinhalte willentlich anzunehmen und zu akzeptieren. Sie meint vielmehr ein Wahrnehmen der Eigenschaften, Wünsche, Gefühle und Empfindungen, die in Ihnen sind – auch die Schattenseiten. Der Augenblick, in dem Sie einverstanden sind mit dem, was jetzt in Ihnen lebt, entzieht den negativen Aspekten die Macht.

In Märchen und Mythen findet sich dieses Wissen wieder, meist verschlüsselt in Symbolen. Dazu gehören die Erzählungen von machtvollen Wesen, die nach Rache trachten, wenn sie zurückgewiesen werden. Ein Beispiel dafür ist die 13. Fee im Märchen »Dornröschen«, die nur deshalb einen bösen Zauber ausspricht, weil sie nicht eingeladen wurde. Wenn sie aber willkommen sind, verwandeln sich die verbitterten bösen Feen und Zauberer in Märchenprinzessinnen und -prinzen – in geistige Lehrerinnen und Lehrer, die Ihnen Ihre inneren Schätze offenbaren, von denen Sie nicht einmal wissen mögen, dass Sie sie besitzen. Verwunschene Wesen finden durch die Liebe, die ihnen trotz ihrer verzauberten, häßlichen Erscheinung entgegengebracht wird, zu ihrer ursprünglichen, wunderschönen Gestalt zurück, wie beispielsweise in den Märchen »Froschkönig« oder »Die Schöne und das Biest«.

So finden sich schon in den ältesten Überlieferungen Hinweise auf die Kraft des Einverstandenseins, die all die großen und kleinen Dämonen der Angst, des Ärgers, der Minderwertigkeitsgefühle, der Eifersucht, der Verbitterung und des Neids in uns über einen Prozess der Wandlung und Erkenntnis entzaubert und uns mit Vertrauen, schöpferischer Energie, Weisheit und selbstloser Liebe beschenkt. Wie in den Märchen geht es auch hier um die Erlösung aus einer verzauberten Form. Das Einverstandensein ist jener »Gegenzauber«, der alle »Verwünschungen« aufheben kann.

Die Haltung des Einverstandenseins bedeutet nicht, dass Sie versuchen, bestimmte vergangene, gegenwärtige oder zukünftige Situationen zu akzeptieren, mit denen Sie gar nicht einverstanden sind. Ein solcher Versuch wäre eine künstliche Konstruktion und sehr wahrscheinlich zum

Scheitern verurteilt. Worum es geht, ist Ihre Reaktion auf die Situation. Diese zuzulassen und vorbehaltlos anzunehmen führt zur Erlösung der damit verbundenen Emotionen, aber auch zu einer vollkommenen wertungsfreien Ehrlichkeit sich selbst gegenüber.

Eine solche Selbstehrlichkeit kann wie ein Bekenntnis vor sich selbst wirken, eine befreiende Beichte vor einer inneren Instanz, die nicht verurteilt, sondern versteht. Dabei nehmen Sie im Bekennen Ihre eigene Zurückweisung und moralische Verurteilung zurück und überlassen sich der liebenden Kraft des Selbst. Das ist ein Akt höchster Selbstwertschätzung.

Sobald Sie vollkommen mit sich einverstanden sind, verliert die Vergangenheit ihre Bedeutung. Lassen Sie sich selbst ganz zu, haben Sie auch den Mut »Nein« zu sagen, wenn etwas für Sie nicht stimmt. Denn ein »Ja« wäre ein »Nein« zu sich selbst und damit Disharmonie.

Die wahre Natur des Bewusstseins, das Sie sind, ist Heilsein. Und Heilung ist nichts anderes als sich wieder daran zu »er-innern«. Wann immer Sie leiden, leiden Sie an »Selbst-Vergessenheit«. Es braucht Mut, die eigene Wahrheit anzuschauen. Vielleicht finden Sie da nicht den Heiligen, den Sie erwartet haben, aber mit Sicherheit den, der Sie wirklich sind – einen Menschen, der einzigartig ist: Sie selbst.

Ein wichtiger Schritt zur eigenen Wirklichkeit ist, im Einklang mit sich selbst zu leben. Das bedeutet, sich nichts mehr vorzumachen – echt, ehrlich und authentisch zu sein. In einem weiteren Schritt dürfen Sie sich zuschauen beim

Leben, bei dem, was Ihnen im Alltag begegnet. Dabei können Sie sich fragen:

- Warum geschieht das jetzt?
- Was will mir diese Botschaft sagen?
- Wohin könnte mich das führen?
- Gehört das überhaupt noch zu mir?
- Oder kann ich das endlich loslassen, weil ich das gar nicht mehr bin: Prägungen, Verhaltensmuster, Rollen, Programmierungen, Glaubensmuster etc. Was dann zum Vorschein kommt, sind Sie selbst – der, der Sie wirklich sind.

Dazu gehört auch das optimale Lösen von Problemen. Dieses beginnt mit der Erkenntnis, dass jedes Problem im Kopf entsteht. Wenn Sie denken, dass das ganze Leben ein Problem ist, gibt es keine Lösung. Ein Problem ist vielmehr der Motor der Evolution, denn wir lernen vor allem durch eine Aufgabe, die uns fördert. Nicht umsonst heißt es: »Was dich fordert, fördert dich.«

Jedes sogenannte Problem ist eine Aufgabe, die das Leben Ihnen jetzt stellt. Daher dürfen Sie es auch lösen. Es ist Ihr persönlicher »Maßanzug«. Sie dürfen darauf vertrauen, dass Sie die Fähigkeiten und Kräfte haben, die Sie zu seiner Lösung brauchen.

Der Code der Selbstwertschätzung **37**

Probleme sind also ein Geschenk des Lebens an Sie:

- Leben heißt lernen.
- Lernen heißt Probleme lösen.
- Viele Probleme sind viele Lernmöglichkeiten oder »Notwendigkeiten« oder große Kapazität an Erfahrungen, die Sie machen dürfen.
- Ihre Probleme sind Ihre Auf-GABEN.
- Die beste Zeit ist jetzt (= optimaler Zeitpunkt).
- Lösen Sie Ihre Aufgaben nicht jetzt, ist der optimale Zeitpunkt verpasst.
- Sie dürfen prüfen, ob Sie sich drücken, das Problem umgehen oder abwarten wollen. Wenn Sie sich für diesen Weg entscheiden, ist die Konsequenz: immer mehr Probleme, die immer schwieriger zu lösen sind.
- Haben Sie den optimalen Zeitpunkt verpasst, heißt dies Wiederholung unter ungünstigeren Umständen.

Zur Lösung von Problemen bedarf es dreier Voraussetzungen:

- Erkenntnisbereitschaft
- Änderungsbereitschaft
- Disziplin und Klarheit

Mit großen Problemen dürfen Sie sich am besten beschäftigen, solange sie noch ganz klein sind. Das heißt sofort, wenn sie in Ihr Bewusstsein treten. Wer sich nicht entscheidet, der entscheidet zu 100 Prozent falsch. Wer sich schnell entscheidet, der entscheidet zu 50 Prozent richtig. Für die falschen Entscheidungen trifft er wieder eine Entscheidung, die zu 50 Prozent richtig ist usw. – dies solange, bis alles richtig entschieden, stimmig ist. Je besser Sie Ihre Probleme (= Aufgaben) meistern, umso mehr »stimmen« Sie und umso stimmiger gestaltet sich auch Ihr Leben.

Zu einem stimmigen Leben gehört auch Ihr Selbstbild. Dieses Selbstbild bestimmt Ihr Leben. Wie wörtlich Sie das nehmen können, erkennen Sie daran, dass hinter jedem Ihrer Gedanken ein Bild steht. Für alles, das Sie denken, haben Sie in Ihrem Inneren ein Bild. Nach dem Gesetz »Wie innen, so außen«, gestalten Ihre inneren Bilder die äußere Wirklichkeit – Ihre Wirklichkeit. Die Wirklichkeit, in der Sie leben und die Sie als Ihre Realität wahrnehmen, ist nur ein »Spiegel-Bild«: Im Außen spiegelt Ihr Leben wider, was in Ihnen ist.

Welches Bild Sie also von sich selbst haben, Ihr Selbstbild, die innere und äußere Bildergalerie, gestalten Ihr Leben. Aber entspricht Ihr Selbstbild überhaupt der Wirklichkeit Ihres Seins? Oft ist dieses Bild von einem anderen geprägt und entspricht Ihnen gar nicht. Dann aber kann auch Ihr Leben nicht Ihrem Selbst entsprechen. Sie verwirklichen so die Meinung der anderen, nicht sich selbst. Andere bestimmen Ihr Leben, indem Sie Ihr Selbstbild prägen.

Indem Sie aktiv und ganz bewusst Ihr Selbstbild prägen, bestimmen Sie wieder Ihr Leben selbst. Ihre Aufgabe ist es nun, wieder zu sich selbst zu finden, wer Sie wirklich sind, das Bild Ihrer »inneren Wirklichkeit« zu finden, um wirklich Ihr Leben leben zu können.

Es geht also nicht nur darum, ein positives Selbstbild von sich zu haben, sondern vor allem darum, dafür zu sorgen, dass Ihr Selbstbild mit Ihrer »inneren Wirklichkeit« übereinstimmt. Und dass Sie die Wirklichkeit Ihres wahren Seins erkennen und so im Außen verwirklichen, dass Sie wirklich »Sie selbst sind«.

Das wahre Selbst ist Ihr Freund und greift ein, wenn Sie es darum bitten. Wenn Sie es einladen, Sie zu führen, und wenn Sie ihm folgen. Um mit dem wahren Selbst in Kontakt zu kommen, brauchen Sie sich selbst nur eine Frage zu stellen. Die erste Antwort, die kommt, ist von Ihrem Selbst, die zweite Antwort kommt schon aus dem Verstand, ebenso die dritte und vierte usw. Aber Sie dürfen immer wieder neu fragen, und immer wird die erste Antwort von Ihrem wahren Selbst kommen.

Je mehr Sie sich selbst, Ihr wahres Selbst erkennen, umso mehr können Sie sich Selbstwertschätzung entgegenbringen: Sie schätzen den Wert Ihres wahren Selbst, indem Sie erkennen, dass Sie ungetrennt von der *einen Kraft* sind.

Je mehr Sie sich Selbstwertschätzung erweisen, umso märchenhafter gestaltet sich Ihr Leben. Sie dürfen nun eine Bilanz Ihres Lebens ziehen und prüfen, wie es mit Ihrer Lebensqualität ausschaut und welche Schritte Sie einleiten können. Nehmen Sie sich in Ruhe die Zeit, die nachfolgenden Fragen am besten schriftlich zu beantworten.

- Wie sehe ich mich?
- Wer bin ich?
- Warum bin ich so, wie ich bin?

40 Der Code der Selbstwertschätzung

- Warum bin ich hier?
- Was ist meine Aufgabe und wie erfülle ich sie?
- Wie bin ich und wie sollte ich sein (wie bin ich »gemeint«)?
- Lebe ich meine wahre Berufung?
- Was kann mir Freude machen?
- Woher kommen meine Lebensumstände?
- Welche Lebensumstände kann ich verabschieden bzw. loslassen?
- In welchen Lebensumständen möchte ich leben?
- Was will ich in meinem Leben noch alles erreichen?
- Und warum will ich das?
- Lebe ich in der Fülle?
- Habe ich ein genügend reiches Geldverständnis?
- Wo fehlt es mir an Wohlstand?
- Habe ich genügend Zeit für die wirklichen Aufgaben?
- Lebe ich in der richtigen, harmonischen und aufbauenden Partnerschaft?
- Wer oder was spielt die Hauptrolle in meinem Leben? Harmonie? Frieden? Wohlstand? Erfolg? Anerkennung? Geld? Besitz? Liebe? Oder ich Selbst?
- Entspricht mein Zuhause meinen Vorstellungen?
- Was kann ich an meinem Zuhause ändern?
- Wie schaut es mit meinem Gesundheitszustand aus?
- Wie jung fühle ich mich?
- Was ist mein Wunschtraum?
- Wie kann ich meinen Wunschtraum verwirklichen?
- Was sind Hinderungsgründe?
- Welche Vorstellungen, Blockaden liegen dem zu Grunde?

Der Code der Selbstwertschätzung **41**

- Wo handele ich gegen meinen Traum?
- Wo kann ich aktiv mehr für meinen Traum tun?
- Welche Visionen habe ich sonst in meinem Leben?
- Was muss ich *jetzt* tun, um am Ende meines Lebens sagen zu können: »Ich habe wirklich gelebt«?

Entdecken Sie den Weg, Ihre ganz persönliche Vision zu finden. Sie dürfen Mangelbewusstsein auflösen und Wohlstandsbewusstsein schaffen. Fühlen Sie sich jetzt wert, Fülle zu empfangen. Optimieren Sie Ihr Selbstwertgefühl und Ihre inneren Bilder durch »Selbstidentifikation«, durch das Einssein mit der *einen Kraft*.

Wenn Sie sich noch besser kennenlernen möchten, ist auch der »Kurt Tepperwein Dörfli-Test« hilfreich. Der bekannte Schriftsteller H. G. Wells beschrieb in einem seiner Bücher ein Spiel, das er früher mit seinen Kindern spielte: Viele kleine Spielzeughäuschen wurden auf dem Fußboden zu einem Dorf zusammengestellt.

Dadurch angeregt, habe ich dieses Spiel mit Erwachsenen als Test gespielt. Ich habe sehr schnell erkannt, dass jeder »sein« Dorf in einer ganz typischen Weise aufbaut, die interessante Rückschlüsse zulässt auf sein Selbst, sein Leben und die Art und Weise, wie er seine Situation empfindet. Diesen Test können Sie nun ganz einfach selbst machen, indem Sie »Ihr« Dorf malen.

Bitte nehmen Sie ein Blatt Papier, und zeichnen Sie ein Dorf, in welchem die zehn folgenden Gebäude stehen:

42   Der Code der Selbstwertschätzung

Fabrik
Schloss
Kirche
Friedhof
Rathaus
Schule
Bahnhof
Gefängnis
Krankenhaus
Ihr eigenes Haus

Sie dürfen mit Bleistift, Kuli, einem einfarbigen Stift oder auch mit Buntstiften malen. Fangen Sie einfach spontan an und bringen Sie alle Gebäude des Dorfes zu Papier, ohne groß nachzudenken. Dann lassen Sie sich von der Auswertung überraschen.

Erklärung:
Fabrik: Einstellung zur Arbeit
Schloss: Symbol für Wünsche
Kirche: Einstellung zu Religion, Ethik, Moral
Friedhof: Bezug zum Tod, zur Wandlung
Rathaus: Bezug zu Norm und Tradition
Schule: Einstellung zum Lernen
Bahnhof: Verbindung zur Außenwelt
Gefängnis: Bezug zur Innenwelt
Krankenhaus: Einstellung zur Gesundheit
Eigenes Haus: der eigene Standort

Zeichnung im Querformat: realistisch, materialistisch, sachlich

Zeichnung im Hochformat: geistig orientiert, aufstrebend

Obere Blatthälfte: geistige Ebene
Untere Blatthälfte: materielle Ebene
Oberes Blattdrittel: Überbewusstsein
Mittleres Blattdrittel: Bewusstsein
Unteres Blattdrittel: Unterbewusstsein

Für die Auswertung teilen Sie die Zeichnung in Segmente auf:

	Überbewusstsein (Geistige Ebene)	
Vergangenheit	**Bewusstsein** Gegenwart	**Zukunft**
	Unterbewusstsein (Materielle Ebene)	

Auswertung:
Nun dürfen Sie prüfen, was Sie an welche Stelle gezeichnet haben und warum? Haben Sie noch weitere Elemente dazugefügt? Wenn ja, welche und warum?

Wo befinden sich die einzelnen Gebäude:

- Auf der geistigen oder der materiellen Ebene?
- In der Vergangenheit, Gegenwart oder Zukunft?
- Im Unterbewusstsein, Bewusstsein oder Überbewusstsein?

Ein Beispiel für die Auswertung:

Wenn Sie die Fabrik in die Vergangenheit gezeichnet haben, kann man davon ausgehen, dass Sie bereits Ihr Geld verdient haben und über Vermögen verfügen beziehungsweise, dass Arbeit und Geld verdienen bei Ihnen nicht im Vordergrund stehen.

Steht die Fabrik aber in der Zukunft, so wollen Sie sich erst noch damit auseinandersetzen oder erst zu einem späteren Zeitpunkt Geld verdienen.

Steht die Fabrik aber in der Gegenwart, so zeigt dies, dass Sie derzeit damit befasst sind.

Dabei ist auch zu beachten, ob die Fabrik im mittleren Drittel des Blattes steht, Sie sich also bewusst damit auseinandersetzen, oder im unteren Drittel, also die Auseinandersetzung unbewusst stattfindet.

Steht die Fabrik in der oberen Hälfte des Blattes, so zeigt dies, dass Arbeit und Geldverdienen für Sie ein geistiger Prozess ist. Steht sie dagegen in der unteren Hälfte des Blattes, so werden Arbeit und Geldverdienen mehr als physischer Prozess empfunden. Das Gleiche gilt sinngemäß für die anderen Gebäude.

Der Code der Selbstwertschätzung **45**

Weitere Schritte zur umfassenden Auswertung:

- Wie wirkt die ganze Zeichnung? Liebevoll, nüchtern oder verspielt?
- Wie differenziert ist alles gezeichnet?
- Welches Gebäude ist besonders liebevoll ausgearbeitet?
- Hat der Bahnhof Schienen? Wenn ja, wo führen sie hin? Wo enden sie?
- Welche Gebäude stehen zusammen?
- Wo ist der eigene Standort? In der Bildmitte (= egozentrisch)?
- Welche Gebäude sind mit welchen durch Wege verbunden?
- Ist das Schloss (= Ihre Wünsche) übertrieben groß?
- Welches andere Gebäude ist besonders groß (betont)?

Wenn Sie mit Farben gearbeitet haben, ist die Wahl der Farbgebung für die einzelnen Gebäude interessant. Folgende Attribute werden im Mentaltraining bestimmten Farben zugeschrieben:

Rot
Die Farbe der vitalen Kraft, der Emotionalität, des Durchsetzungsvermögens, der Erregung, der Leidenschaft und der Liebe. Bei Müdigkeit und Erschöpfung bringt Rot neue Energie.

Orange
Die Farbe des Selbstbewusstseins und der kreativen Ausdruckskraft, der Wärme und der Strebsamkeit, der Kraft und des Tatendrangs. Orange wirkt aufbauend, fröhlich, stimmungsaufhellend und fördert die Antriebskraft.

Gelb
Die Farbe des Denkens und der Empfindsamkeit, des Verstandes, des Ideenreichtums, der Ideale, der Veränderung, des Wunsches nach Befreiung, der Hoffnung und der Glückserwartung. Gelb bringt »Sonne« in die Seele.

Grün
Die Farbe der Innerlichkeit, des Friedens, der Anpassungsfähigkeit und inneren Ausgewogenheit, der Beschaulichkeit und der Empfindsamkeit, der Aufgeschlossenheit und heiteren Gelöstheit. Grün hat eine entspannende und regenerierende Wirkung.

Blau
Die Farbe der Ruhe und Erholung, der Stille und Treue, der Tiefe und Schwere, der Selbstlosigkeit, der Hingabe und Geistigkeit. Bei Nervosität, Ängsten, Schlafstörungen und Schmerzen kann Blau wohltuend und lindernd ausgleichen.

Lila
Die Farbe des Glaubens und der Versenkung, der Geborgenheit und der stillen Daseinsfreude, des sozialen Den-

kens und Handelns, der Humanität und der Nächsten-
liebe, der Ehrlichkeit, Aufrichtigkeit und Gerechtigkeit.

Violett
Die Farbe des Dienens und der Selbstaufopferung, der
Entsagung und tiefen Religiosität, der Mystik, der Ideale,
der Erkenntnis und Vollkommenheit, der Geistigkeit und
der Erlösung.

Als knapp Zwanzigjähriger ging ich bei einem Meister der
Sufi-Tradition, der über sehr große persönliche Macht ver-
fügte, in die Lehre und wurde von ihm vor die Aufgabe
gestellt, an meinem Selbstbild zu arbeiten und alltägliche
Meisterschaft zu praktizieren. Er schlug mir für den Anfang vor, dass ich beim Öffnen jeder Tür im Haus oder Büro
zugleich in Gedanken eine Tür zum erhöhten Bewusstseinszustand öffnen sollte. Und dies mit einem Gefühl der
Anmut, der Freude und der Wertschätzung meiner selbst.
Diese Aufgabe sah auf den ersten Blick ziemlich simpel aus,
aber schon binnen einer Woche war ich durch diese tägliche
Übung ein ganz anderer Mensch.

Genauso können Sie die Tür-Übung durchführen oder jedes Mal, wenn Sie etwas zum Essen zum Mund führen, sich
in einen solchen Bewusstseinszustand versetzen: Sie näh-
ren das höchste Bewusstsein in sich. Oder jedes Mal, wenn
Sie einen anderen Menschen begrüßen, grüßt das höchste
Bewusstsein in Ihnen das höchste Bewusstsein im anderen.
Das ist praktizierte Wertschätzung.

Die Liste der Möglichkeiten ist endlos. Ich biete Ihnen hier nur eine Auswahl an. Sie dürfen selbst entscheiden, worauf Sie als Erstes Ihre Aufmerksamkeit richten mögen. Meistern Sie schlicht die Kunst, sich einer einzigen alltäglichen Aktivität bewusst zu sein – dabei im Zustand der Achtsamkeit und Wertschätzung für das, was jetzt gerade ist, zu ruhen –, dann werden Sie weit kommen.

Erleuchtung ist das Ziel, das erstrebenswert ist. Dazu müssen Sie nicht entbehrungsreiche Jahre in einer Höhle in Tibet oder zu Füßen eines Meisters in Indien verbringen. Die Erleuchtung ist ganz nah – in Ihnen. Ein erleuchteter Mensch ist ein natürlicher Mensch. Ein erleuchteter Mensch ist nicht fremdartig, abartig, frömmlerisch oder andersartig, um sich von den anderen abzuheben. Ein erleuchteter Mensch ist ein natürlicher Mensch, der ein klares Verständnis besitzt und mit den Energien der Natur fließt. Ein erleuchteter Mensch quält sich nicht durchs Leben, ist nicht problemorientiert, verwirrt, geängstigt oder aufgeregt. Ein erleuchteter Mensch ist glücklich.

Nicht, dass Äußerlichkeiten Glück bewirken, sondern das Selbstgewahrsein und die Selbstwertschätzung führen zu Glück. Dies auf Grund des Wissens und des Einsseins mit der *einen Kraft*. Ein erleuchteter Mensch ist einfach und unkompliziert. Jemand von dieser Art mag in intensivster und anspruchsvollster Tätigkeit engagiert sein und sich einer Vielzahl hilfreicher Beziehungen erfreuen, er fließt dennoch mit Verstehen von Ereignis zu Ereignis, von Erfahrung zu Erfahrung.

Ein erleuchteter Mensch ist engagiert, bleibt jedoch bewusster Beobachter allen Geschehens. Die Ereignisse fließen im Strom der Zeit.

Ein erleuchteter Mensch fließt mit dem Strom und ist weder beunruhigt noch durcheinander.

Die Erleuchtungserfahrung ist in jedem Augenblick möglich. Manche lehren, spirituelles Wachstum sei eine Sache von einem viele Inkarnationen währenden Bemühen und Lernen. Lehrer der Erleuchtung erklären, dass wir aus der Unwissenheit zum Wissen erwachen und sobald wir bewusst sind, klar erkennen und alles verstehen. Erweisen Sie sich und allen Wesen, die Ihnen begegnen oder an die Sie denken, Wertschätzung, dann sind Sie der Erleuchtung nahe.

Meditation zum Code der Selbstwertschätzung

Sie sind abschließend zu diesem Kapitel »Der Code der Selbstwertschätzung« eingeladen zu der Meditation »Sich selbst wahrnehmen«. Sie können die Meditation zunächst ganz durchlesen und anschließend mit geschlossenen Augen selbst nachvollziehen. Oder Sie sprechen die Meditation auf ein Diktiergerät und hören sich Ihre Aufzeichnung dann im entspannten Zustand an. Eine weitere Möglichkeit ist, dass Sie Ihren Partner oder einen guten Freund bitten, Ihnen die Meditation vorzulesen, während Sie sie Schritt für Schritt nachvollziehen. Am einfachsten ist es, wenn Sie meine CD »Lebendige Weisheit«, Herzmeditation, hören.

Ich mache es mir nun einmal ganz bequem.

Ich schließe meine Augen und lasse einfach los.

Ich fühle mich ganz gelöst und entspannt.

Während ich die Augen geschlossen habe, nehme ich mich selbst immer bewusster wahr. Ich spüre in mich hinein und erfülle meinen Körper ganz mit Bewusstsein.

Ich nehme jeden Wunsch wahr, mich noch zu bewegen und erfülle mir noch einmal diesen Wunsch, um jetzt ganz bequem zu liegen. Und nun gestatte ich meinem Körper, ganz ruhig zu werden, ganz bewegungslos zu sein. Es ist gut, den Körper ganz zu entspannen.

Ich beginne, meinen Atem zu beobachten. Nichts verändern, nur beobachten. Und während ich meinen Atem beobachte, lasse ich ihn nach und nach tiefer werden. Ich atme ganz ruhig und tief – ruhig und tief.

Ich erlebe den Atem ganz ruhig und tief. Ich atme ruhig und gelassen. Es ist das Leben selbst, das mich atmen lässt, und ich fühle mich ganz geborgen durch das Leben in mir, das mich atmet.

Ich spüre ganz bewusst, wie der Atem meinen ganzen Körper durchfließt und erfüllt, und ich bin eins mit dem Atem und fühle mich ganz wohl. Ich bin ruhig, gelöst und dankbar, dass ich lebe.

Ich bin ganz erfüllt von Frieden und Harmonie. Ich ruhe in meiner Mitte, und ich fühle meine Einheit mit allem, was IST. Eine wundervolle Stille durchdringt mein ganzes Wesen. Ich ruhe geborgen in mir und fühle mich ganz wohl.

Mit jedem Atemzug sinke ich tiefer und tiefer in mich hinein – ich sinke immer tiefer in mich hinein – immer tiefer in mich hinein.

Meditation zum Code der Selbstwertschätzung **51**

Ich sinke in die Mitte meines Seins, ruhe in mir. Ich bin eins mit der Welt, ruhe in meiner Mitte.

In meiner Mitte spüre ich jetzt Wärme, eine pulsierende Wärme, die mich vom Bauch aus durchströmt. Diese strömende Wärme fließt jetzt durch meinen Körper – über meinen Bauch, vorbei an den Hüften, hinunter zu meinen Beinen. Ich lasse es einfach geschehen. Und nehme dabei wahr, wie die strömende Wärme meine Muskeln entspannt und lockert.

Ich sinke in die Mitte meines Wesens, ruhe in mir, bin eins mit mir und der Welt und ruhe in der Mitte meines Wesens.

Nun gehe ich in meine lichte Innenwelt. Dort sehe ich mich vor einem Spiegel, schaue in den Spiegel und sehe mich an. Ich sehe meinen Körper. Wer aber ist das, der den Körper anschaut, der sagt: Das ist mein Körper. Der das sagt, der den Körper anschaut, das bin ich. Also bin ich nicht der Körper. Ich bin der, der den Körper anschaut, der diesen Körper gebraucht, dem dieser Körper gehört.

Und ich beobachte jetzt meine Gedanken. Es sind meine Gedanken, aber ich bin nicht die Gedanken. Ich bin nicht der Verstand. Ich bin der, der denkt, der Gedanken hat, der den Verstand gebraucht. Ich bin der Denker, der ist. Sobald ich aufhöre zu denken, ist Gedankenstille. So gestatte ich jetzt meinen Gedanken, still zu sein. ICH BIN. Und ich erkenne, ich bestimme, ob ich denke und was ich denke und wann ich denke.

Und nun schaue ich auf meine Gefühle. Und wieder erkenne ich, sie gehören zu mir, aber ich bin nicht meine Gefühle. Ich spüre meine Gefühle, erlebe sie bewusst, aber ich entscheide, welche Gefühle ich zulasse und welche ich verändern möchte. Ich kann meine Gefühle lenken, kann mein Gemüt klären. Ich bin der, der ist.

Nun mache ich mir mein Unterbewusstsein einmal bewusst und erkenne, ich habe ein Unterbewusstsein. Sobald ich meine Aufmerksamkeit auf mein Unterbewusstsein richte, wird mir bewusst, dass da Prägungen, Verhaltensmuster, Eindrücke, Erfahrungen vorhanden sind, die mir nicht bewusst sind, aber die ich nicht bin. Ich bin der, der entscheidet, wieweit ich mich damit identifiziere, wieweit ich sie akzeptiere oder umwandle. Ich bin der, der dem Unterbewusstsein ein neues Programm eingeben kann und ein altes ändert oder löscht, aber ich bin weder das Programm noch das Unterbewusstsein, sondern der, der bestimmt, der ist.

Ich schaue noch einmal auf meinen Körper und erkenne, mein Körper kann krank werden, ich aber kann nicht krank werden, ich bin Bewusstsein. Habe ich eine Disharmonie im Bewusstsein, spiegelt mein Körper das wider als Krankheit, lässt so eine unsichtbare Störung sichtbar werden. Ich aber bin weder krank noch alt, noch kann ich sterben, ich bin Bewusstsein. Ich bin gesund, stark und vital – ich bin.

Und so mache ich mir einmal Stress bewusst und erkenne, dass Stress nur geschehen kann, wenn ich nicht ICH SELBST BIN, wenn nicht ich selbst handle, sondern der Verstand zuviel gleichzeitig will und das Gemüt das nicht verkraften kann. Sobald ich in meiner Mitte ruhe und aus dem Sein handle, ist Stress nicht möglich. Also schaue ich mir einmal an, wie das ist, wenn ich als ich Selbst handle. In diesem wahren SELBST-Bewusstsein erkenne ich, was zu tun ist und tue das Richtige im richtigen Augenblick. Und nun schaue ich einmal hin, wie ich normalerweise lebe und arbeite und erkenne, dass diese Art viel mehr Kraft kostet und viel weniger bewirkt. Und nun tue ich die gleichen Dinge im wirklichen SELBST-Bewusstsein, erlebe wie es fließt, fast von selbst geschieht. Erkenne, dass sich Entscheidungen dann gar nicht stellen, weil klar ist, was wann wie zu tun ist. Erkenne, dass Erfolg »geschieht«, wenn ich ich SELBST bin.

Nun schaue ich einmal auf meine »Persönlichkeit« und erkenne, das ist die Summe meiner Prägungen, Programme, Verhaltensmuster und die daraus entstandenen Eigenschaften. Aber ich bin nicht meine Persönlichkeit. Ich kann meine Eigenschaften verändern, kann neue annehmen und überholte löschen. Ich bin der, der entscheidet, ändert und löscht.

Nun schaue ich einmal auf mein Selbstbewusstsein und erkenne, wer sich da seiner selbst bewusst ist. Ist es mein kleines Ich oder ist es meine Persönlichkeit oder bin ich mir wirklich meiner Selbst bewusst. Bin ich mir als Ich bewusst, dann handle ich, wünsche ich oder eben nicht. Bin ich mir als Persönlichkeit bewusst, dann habe ich Eigenschaften, die mich selbstbewusst erscheinen lassen.

Und nun lasse ich das ICH los, die Persönlichkeit, und spüre einmal, wer ich wirklich bin und bin der, der ich bin. Und bin mir bewusst, dass ich bin und lebe als ICH SELBST, als der, der ich wirklich bin. Erlebe einmal meinen Alltag als ich selbst, als zeitloses Sein. Erlebe, wie ich meine Zeit einteile, wie ich meinen Tag beginne, wie ich arbeite, aber auch wie ich mir Zeit nehme für Ruhe, Stille, für Meditation und Intuition, Zeit für »Einfälle«. Erkenne, ich habe kein Alter – ich bin, war immer und werde immer sein. Ich bin ein eigenschaftsloses Sein und doch ruhen alle Eigenschaften latent in mir und warten darauf, dass ich »zu mir komme«, zu Bewusstsein komme und mein Erbe antrete als der, der ich wirklich bin, als ICH SELBST!

Ich finde wieder zurück ins Hier und Jetzt und nehme meine Atmung wahr. Fühle meinen Körper. Die Worte wirken weiter und sie erleichtern mein tägliches Leben.

Impulse zur praktischen Umsetzung

Selbstliebe und Selbstwertschätzung können trainiert werden. Hier sind zwei einfache Übungen, die vielleicht eine Herausforderung für Sie sein mögen:

Übung »Liebe verschenken«

Stellen Sie etwas vor sich hin – im Geiste oder in der Realität –, was Sie lieben. Das kann eine Blume sein, ein Tier oder ein Kunstwerk. Verweilen Sie nun dabei, und schenken Sie diesem Lebewesen oder Gegenstand Ihre Liebe. Nachdem Sie das einige Male getan haben, dehnen Sie diese kostbare Liebe auf sich selbst und dann auf die ganze Welt aus. Wer ein solches großes Gefühl in seinem Herzen empfinden kann, strahlt Liebe aus und das Signal, dass er es wert ist, geliebt zu werden.

Spiegelübung

Setzen Sie sich zehn Minuten lang vor einen Spiegel, und lieben Sie die Person, die Sie darin sehen. Empfinden Sie keinerlei Kritik, lieben Sie einfach bedingungslos. Wir sind alle Experten darin, in den Spiegel zu schauen und jede kleine Unstimmigkeit zu entdecken. Bei dieser Übung geht es darum, nur positive Komplimente zu machen. Wenn Sie sich doch kritisiert haben, fangen Sie einfach wieder von vorne an. Ziel ist, dass Sie die Spiegelübung zehn Minuten durchhalten.

Wenn Sie mit sich selbst einverstanden sind, sich selbst wertschätzen und lieben, dann ist es nur ein kleiner Schritt zur Sympathie auch für andere in Ihrer Umgebung.

Der Code der Selbstwertschätzung auf einen Blick

- Ich bin vollkommenes, unsterbliches Bewusstsein. Ich war immer und werde immer sein, denn *ich bin* ein untrennbarer Teil des *einen* Bewusstseins, der *einen Kraft*.
- Je bewusster ein Mensch gelernt hat, sich selbst zu beobachten und zu erkennen, desto umfassender wird er auch einen anderen erkennen können. Je mehr ein Mensch sich selbst Wertschätzung erweist, umso mehr kann er auch andere Menschen wertschätzen.
- Je mehr Sie sich selbst lieben, desto mehr lieben Sie auch andere.
- Auf dem Weg zu sich *selbst* dürfen Sie die Vergangenheit, Belastendes, Selbstmitleid, alte Rollen, Verhaltens- und Gedankenmuster loslassen. Durch Loslassen kommt Gelassenheit in Ihr Leben. Gelassen sein heißt, die anderen und sich selbst so lassen zu können, wie sie sind.

56 Der Code der Selbstwertschätzung

- In der Haltung der Gelassenheit und höchsten Selbstwertschätzung treten Sie automatisch der Umwelt aufgeschlossen und aktiv entgegen, freundlich und zuversichtlich, Wertschätzung zeigend.
- Zum Code der Selbstwertschätzung gehört darum das Wissen um die große Kraft der inneren Haltung des Einverstandenseins mit Ihrem ganzes Sein und Wesen, so wie es jetzt gerade ist.
- Probleme sind Geschenke des Lebens an Sie, um Sie zu fördern.
- Meistern Sie die Kunst, sich einer einzigen alltäglichen Aktivität bewusst zu sein – dabei im Zustand der Achtsamkeit und Wertschätzung für das, was jetzt gerade ist, zu ruhen.

Der Geist ist alles:
Was du denkst,
das wirst du.

BUDDHA

2. Der Code des Denkens

Mit dem Code des Denkens können Sie Zugang zu einer mächtigen Kraftquelle erhalten. Die Macht der Gedanken ist wohl der wichtigste, aber oft nur wenig verstandene Faktor. Die meisten Menschen, wenn sie sich überhaupt damit beschäftigen, sehen ihre Gedanken als etwas ganz Privates an, das nur eine momentane Wirkung auf sie selbst hat. Sie neigen dazu, die komplizierten Folgen auch der unsichtbarsten Gedanken gar nicht zu beherrschen.

Alles, was existiert, war zuerst nur ein Gedanke. Wir sprechen von Gedanken, als ob sie vom Verstand hervorgebracht worden seien, das ist jedoch nicht so. Ebenso, wie wir zur Zeugung eines Kindes Vater und Mutter benötigen, so brauchen wir Bewusstsein und Verstand, um einen Gedanken hervorzubringen. Eine Idee entsteht auf der geistigen Ebene und wird in den aufnehmenden Verstand projiziert, und es entsteht ein Gedanke. Ein Gedanke ist also eine verdichtete Idee, eine Idee, die sich schon in eine feine Form von Materie gehüllt hat. Gedanken sind Substanz, sind Materie.

»Am Anfang war die Tat«, lässt Johann Wolfgang von Goethe den Dr. Faust sagen.

Und Arthur Schopenhauer sagt: »*Am Anfang war der Wille.*«

Mahatma Ghandi schrieb: »*Am Anfang war die Kraft.*«

Und in der Bibel steht: »*Am Anfang war das Wort.*«

Bevor es aber ein Wort sein kann, muss es einen Gedanken geben. So können wir mit Recht sagen: Am Anfang war der Gedanke. Es gibt keine gedankenlose Wirklichkeit. Gedanken sind der Stoff, aus dem Wirklichkeit gemacht ist. Alles, was Sie sehen, ist zuvor gedacht worden, bevor es geschaffen werden konnte. Gegenstände und Tatsachen sind »gedachte Tatsachen«, verwirklichte Gedankenbilder.

Sie alle kennen den Spruch: »*Der Mensch denkt, Gott lenkt.*«

Wir brauchen das nur anders betonen, dann heißt das: »*Der Mensch, denkt Gott, lenkt!*«

Poetisch drückt es der Dichter Gottfried Keller aus:

> »*Wer heute einen Gedanken sät,*
> *erntet morgen die Tat,*
> *übermorgen die Gewohnheit,*
> *danach den Charakter und endlich sein Schicksal.*
> *Darum muss jeder bedenken, was er heute sät, und muss*
> *wissen, dass ihm sein Schicksal nur einmal in die Hand*
> *gegeben ist: HEUTE.*«

Ein kleiner Schlüssel, der selbst nur wenige Gramm wiegt, kann eine Tresortüre öffnen, die viele Tonnen wiegt. Der Schlüssel zu Ihrer inneren Schatzkammer heißt: Gedankendisziplin. Nur mit Gedankendisziplin können Sie Ihre Erkenntnisse auch in die Tat umsetzen, die richtigen Ursachen setzen und so die erwünschten Wirkungen hervorrufen. Nur mit Gedankendisziplin werden Sie zum Herrn Ihres Schicksals.

Die meisten Menschen sind gern bereit, Geld und Zeit einzusetzen, um etwas für ihren Körper zu tun, ihn zu pflegen und fit zu halten. Das ist sicher nicht falsch, aber verglichen mit der Entwicklung des Bewusstseins zweitrangig. Denn mag der Körper noch so gepflegt sein, früher oder später wird der Tag kommen, wo Sie den Köper ablegen wie einen alten Wintermantel. Ihr Bewusstsein aber lebt weiter, denn das sind Sie – Ihr wahres Wesen. Was Sie für Ihr Bewusstsein tun, das bleibt Ihnen für alle Zeit. Sie dürfen daher lernen, Ihr Bewusstsein wirklich in Besitz zu nehmen.

Jeder einzelne Gedanke verändert Ihr Schicksal, verursacht Erfolg oder Pech, Krankheit oder Gesundheit, Leid oder Glück. Es ist darum wichtig, optimal mit Ihrem Denkinstrument umzugehen. Das heißt vor allem wahres Positives Denken, also zu erkennen, dass alles, was Ihnen widerfährt, in Wirklichkeit gut für Sie ist, weil Sie es »notwendig« gemacht haben, um Ihre Not zu wenden, um Ihnen zu dienen und zu helfen.

Positiv zu denken ist der erste Schritt, um positiv zu werden. Der Duden erklärt das Wort »positiv« als »bejahend, vorteilhaft, günstig, ein Ergebnis bringend, gut, sicher, tatsächlich, wirksam«.

»To be positive about something« heißt, seiner Sache ganz sicher zu sein. Und da ist das positive Denken ein wichtiger Schritt in die richtige Richtung. Positiv denken heißt also, das richtige (= rechte) Denken zu üben und daran bewusst und beharrlich bis zum Erfolg festzuhalten.

Dazu gehört auch »Nein« sagen zu lernen – auch gegenüber einer Autorität, gegenüber Freunden oder wenn man versucht, Sie in eine unerwünschte Rolle zu drängen. Sie dürfen auch sich selbst gegenüber »Nein« sagen lernen und zwar bezüglich eigener Wünsche, die Sie von Ihrem Ziel abbringen. »Nein« sagen bedeutet in Wirklichkeit, »Ja« zur eigenen Identität zu sagen. So wird das »Nein« auf der einen Ebene zum »Ja« auf der anderen.

Wenn Sie erkannt haben, was Sie wollen, dürfen Sie auch den Mut haben, dafür ganz einzustehen. Den Mut, die Wahrheit zu erkennen und sie auch zu bekennen. Den Mut, etwas zu beginnen und notfalls auch zu verlieren. Den Mut, sich zu binden und auch zu trennen.

Zum Mut dürfen Sie die Ausdauer fügen. Streben Sie unbeirrt beharrlich Ihrem Ziel zu. Wenn Sie mit beiden Beinen auf dem Boden bleiben, werden Ihre positive Haltung und die richtige Denkkultur entsprechende Früchte tragen. Sollten Sie diese entsprechenden Qualitäten noch nicht haben, können Sie sich diese ebenfalls durch gezieltes Denken aneignen.

Sie erreichen, was Sie wollen, wenn Sie ohne Selbstmitleid, positiv, mutig und ausdauernd ans Werk gehen. Doch es genügt nicht, ein einziges Mal Mut zu haben. Denn kaum ist eine Herausforderung gelöst, zeigt sich ein neues Problem, eine neue Aufgabe. Positiv sein heißt vor allem, durchzuhalten.

Echtes positives Denken und Leben ist kein gedankenloses Daherplappern positiver Merksätze, sondern eine innere, dauerhafte Haltung. Echtes positives Denken kann durch nichts erschüttert werden. Nicht das Beginnen wird belohnt, sondern das langfristige Durchhalten. Dabei kann jeder falsche Gedanke, jedes schmerzhafte Ereignis als Auslöser genutzt werden, um ganz bewusst die richtigen Gedanken ins Bewusstsein zu nehmen und sie dort auch zu behalten.

Sie sind nun eingeladen, die sieben Schritte vom positiven Denken zum positiven Leben nachzuvollziehen:

Erster Schritt: Positives Denken
Erkennen: Alles ist gut, denn alles will mir dienen und helfen. Achtsam und beharrlich durchs Leben gehen. Voller Vertrauen und Humor, gelassen tun, was zu tun ist. Dankbar und voll Wertschätzung die Wirklichkeit hinter dem Schein erkennen und geborgen in der Fülle des Seins leben.

Zweiter Schritt: Positives Fühlen
Offen und ausgeglichen die Menschen so annehmen, wie diese nun einmal sind. Vertrauensvoll und zuversichtlich zu seinen Gefühlen stehen und sich wert fühlen, in der Fülle zu leben. Das Leben nur beobachten, nicht bewerten und liebevoll das Richtige geschehen lassen.

Dritter Schritt: Positives Wollen

Lernen wollen und verstehen wollen. Entschuldigen und verzeihen und selbst das Richtige tun. Wollen, was man soll. Hören, was das Leben will, und den eigenen Willen loslassen und *seinen* Willen erfüllen – *sein* im Einklang mit der *einen Kraft.*

Vierter Schritt: Positives Reden

Sich klar ausdrücken lernen und die Wortinflation stoppen. Keinen ungebetenen Rat geben und auch Schweigen lernen. Ehrlich sein in Wort und Tat. Mut machen, Trost spenden. Worte nur zum Helfen, Danken und Segnen gebrauchen.

Fünfter Schritt: Positives Handeln

Überlegt, feinfühlig und nachsichtig handeln. Liebevoll, konstruktiv und hilfreich sein. Zuverlässig, rücksichtsvoll und beharrlich bleiben sowie unabhängig von den Erwartungen der anderen. Verantwortungs- und selbstbewusst bleiben, bei allem, was ich tue. Lernen zu geben und zu nehmen und aus der »inneren Führung« im richtigen Augenblick das Richtige tun. Auch bewusst und mäßig das Richtige essen. Fröhlich und frei auch die Freiheit des Anderen respektieren.

Sechster Schritt: Positives Bewusstsein

In der Erkenntnis der Wahrheit und Wirklichkeit harmonisch, selbstlos und geborgen sein, regelmäßig in die Stille gehen und Zeit für Meditation und Gebet nehmen. Das ganze Sein auf das Höchste ausrichten. Geistesgegenwärtig und sinnvoll leben.

Siebter Schritt: Positives Leben

Die geistigen Gesetze beachten, sorglos und gelassen durchs Leben gehen, in der Erkenntnis, alles ist »gleich-gültig«. Harmonische Beziehungen pflegen und sich auch an den kleinen Dingen erfreuen. Gern leben, aber auch jederzeit bereit sein, zu gehen. Solange ich aber lebe, vernünftig und vorbildlich und gesund leben. Das ganze Sein auf das Höchste ausrichten und die *eine Kraft* in allem und jedem erkennen und achten. Dankbar und bewusst jeden Augenblick erfüllen.

Achter Schritt: Freude

Alle positiven Elemente mit Freude und Humor zugleich im Alltag praktizieren und genießen.

Die meisten Menschen glauben nur, dass sie ihr Leben selbst bestimmen. In Wirklichkeit wird ihr Leben bestimmt: von ihren selbst gewählten oder anerzogenen Verhaltensmustern, von ihren Vorstellungen und Wünschen, Sehnsüchten, von den Meinungen der anderen, ihren Erwartungen und der Rolle, die sie spielen, insbesondere aber durch ihre vorherrschenden Gedanken.

Was uns trifft, entsprießt dem Denken,
geht aufs Denken stets zurück.
Was uns trifft, quillt aus dem Denken,
Denken regelt die Geschicke.
Wenn wir, gutem Denken dienstbar,
Worte oder Taten schufen,

folgt das Glück dem Weltenlaufe
wie das Rad des Zugtiers Hufen.
So wir reinem Denken dienstbar,
Worte schaffen oder Taten,
folgt das Glück dem Weltenlaufe
bleibt uns treu, wie unser Schatten.

BUDDHA

Leben heißt lernen. Wir alle dürfen ein Leben lang lernen, besonders aber, wenn wir auf dem Weg der Selbstverwirklichung sind, dürfen wir ständig an uns arbeiten, sonst wird an uns gearbeitet – durch die entsprechenden Lebensumstände.

Sie haben die Wahl, wie Sie lernen mögen. Auf dem königlichen Weg, das heißt freiwillig durch Erkenntnis, oder auf dem üblichen Weg, das heißt durch das Leid. Das Schicksal ist der beste Therapeut. Es heilt jeden. So gibt es Wichtiges zu lernen: Zuverlässigkeit, Konzentration, Disziplin und Ehrlichkeit sich selbst und anderen gegenüber.

Ein wichtiges Lernfeld ist Gedankendisziplin. Nur mit Gedankendisziplin kann man seine Erkenntnisse auch in die Tat umsetzen, die richtigen Ursachen setzen und so die erwünschte Wirkung hervorrufen. Nur mit Gedankendisziplin wird man zum Herrn seines Schicksals.

Geistige Techniken kann man ebenso lernen wie das Laufen, Essen, Radfahren und Schwimmen. Auch Sprechen kann man nicht können wollen – man muss es Wort für Wort lernen. Im Leben schreitet der am sichersten voran, der am Besten vorbereitet ist, der seine Kräfte optimal einzusetzen und seine Möglichkeiten voll auszuschöpfen weiß.

Inwieweit haben Sie Ihr Denken bereits zur Kunst gesteigert?

Was denken Sie den lieben langen Tag? Positive und aufbauende Gedanken oder das Gegenteil? Sie sind eingeladen, zum Meisterdenker zu werden, der auf der Leinwand seiner Imagination (Vorstellungskraft) mit Entschlossenheit und meisterhaften Strichen das Kunstwerk seines Lebens schafft. Denn die Ursache für die Realität liegt nicht außerhalb, sondern in Ihnen selbst.

Alle Macht ist dem Menschen durch richtiges Denken gegeben. Überlegen macht überlegen! Dabei ist die gründliche Vorbereitung einer Sache meist auch schon die Entscheidung. Jeder einzelne Gedanke verändert Ihr Leben, Ihr Schicksal. Es kommt darauf an, was Sie gewohnheitsmäßig denken. Ziel ist, das gewohnheitsmäßige Dahinplappern der Gedanken zu stoppen und durch bewusst gewählte Gedanken zu ersetzen.

Eine Hilfe kann dabei die nachfolgende *Übung* zur Beherrschung Ihrer Gedanken sein:

Sie sind eingeladen, sich täglich eine halbe Stunde lang entspannt hinzusetzen und über Ihre Denkprozesse zu meditieren. Seien Sie sich die ganze Zeit Ihrer Gedanken bewusst. Versuchen Sie anfangs nicht, sie zu überwachen. Lassen Sie sie einfach ziellos wandern. Achten Sie aber darauf, was vorgeht. Sie werden sehen, wie flatterhaft Ihre

Gedanken sind, wie sie ziellos ohne jede Ordnung und Kontrolle hierhin und dorthin springen.

Am zweiten Tag Ihrer Meditation versuchen Sie, den raschen Wechsel Ihrer Gedanken zu stoppen und jeweils nur einen Gedanken zur selben Zeit im Geist zu halten. Legen Sie sich auf diesen Gedanken fest, und denken Sie bewusst ausschließlich an ihn. Lassen Sie den gewählten Gedanken dann los, wenn Sie es bestimmen.

Von einem indischen Lehrer erfuhr ich von dieser Methode, die von manchen Indern zur Beherrschung ihrer Gedanken angewandt wird. Er erklärte mir, ich solle mein Gehirn als einen Baum betrachten und meine unschlüssigen Gedanken als kleine Affen sehen, die in diesem Baum rastlos von Ast zu Ast springen. Dann solle ich in meiner Vorstellung jeden Affen einzeln ergreifen und in einen Sack stecken. Der Affe wird sich festkrallen und schreien und sich wehren, aber man muss ihn mit aller Kraft von seinem Sitz im Baum reißen. Dieser Vorgang wird solange fortgesetzt, bis alle Affen sicher im Sack sind und der Baum von ihrem verwirrenden Hüpfen, Schnattern und Kreischen befreit ist.

Das ist eine ausgezeichnete Methode, um sich von unerwünschten, wirren und negativen Gedanken zu befreien. Zuerst dürfen Sie die Entscheidung forcieren und alle unliebsamen Gedanken verabschieden. Allmählich werden Sie nur noch positive, schöne und inspirierende Gedanken wählen, die Sie im Geist bewahren wollen. Haben Sie erst die Herrschaft über Ihre Gedanken erreicht, werden Sie merken, wie in Ihnen eine riesige Kraft frei wird.

Sie werden dann Ihre Energie nicht mehr an nutzlose Träumereien und negative Ideen verschwenden. Sie werden imstande sein, Sorge, Angst und ähnliche negative Gefühle, die Ihren Geist untergraben und Ihre physische Energie und Vitalität mindern, völlig zu überwinden.

Nun sind Sie bereit, jede Art von Gedanken auszuwählen, von denen Sie wünschen, dass Ihr Geist sie sich zu eigen macht. Ihre Gedanken formen Ihr Geschick. Beschließen Sie jeden Tag, welche Gedanken Sie während der Arbeit, in Gesellschaft und im Privatleben begleiten sollen.

Es dürfen inspirierende, gute, gesunde, schöne, fröhliche, erwartungsvolle und reiche Gedanken sein. Und Gedanken der höchsten Wertschätzung. Wenn Sie mit Ihren Gedanken andere Menschen zu freundlichem Entgegenkommen anregen möchten, dann senden Sie diese magnetischen Gedanken der Liebe, Freundschaft und Wertschätzung aus. Dazu eignet sich der Rat des bekannten amerikanischen Philosophen Ralph Waldo Emerson: *»Willst Du einen Freund haben, dann sei ein Freund!«*

Eine weitere hilfreiche *Übung* zum Erlernen von Gedankendisziplin ist auch, ganz gezielt Gedankenprogrammierung am Abend vor dem Einschlafen zu betreiben. In dieser Phase sind Sie besonders aufnahmebereit. Indem Sie eine bildhafte Vorstellung, die Sie mit einem intensiven Gefühl aufladen, in den Schlaf mit hineinnehmen, bleibt sie ungestört durch andere Vorstellungen und verdichtet sich während der Nacht zur Wirklichkeit. So wird die alte Verheißung wahr: *»Den Seinen gibt's der Herr im Schlaf.«*

Sie dürfen sich bewusst machen, dass es als ersten Schritt genügt, ein solches Bild zu schaffen und auf Ihrem geistigen Bildschirm einige Minuten festzuhalten. Dadurch ist es auf der geistigen Ebene bereits verwirklicht und darf dann nur noch im Außen in Erscheinung treten.

Anfangs mag das damit beginnen, dass Sie das Gewünschte nur denken. Das Denken führt zur Vorstellung. Und indem die Vorstellung immer lebendiger wird, wird sie zum Erleben. Das heißt fühlen, spüren wie es wirkt, wie es geschieht, wie es alle Bereiche Ihres Seins erfasst, wie der Geist die Materie beherrscht und bestimmt, was geschieht.

Das, was wir Schicksal nennen, verwirklicht nur unsere Gedankenbilder. Sind diese begrenzend und negativ, werden Sie diese Gedankenbilder mit absoluter Sicherheit in begrenzende und negative Verhältnisse bringen.

Sind Ihre Gedankenbilder aufbauend, positiv und von Wertschätzung getragen, dann werden Sie diese Gedankenbilder genauso in Verhältnisse bringen, die angenehm sind und wo man Ihnen Wertschätzung entgegenbringt. Das Leben akzeptiert jedes Bild und lässt als äußere Wirklichkeit in Erscheinung treten, was immer Sie sich vorstellen. Ihre selbst geschaffene innere Wirklichkeit schafft die entsprechenden Lebensumstände. Und in jedem Augenblick haben Sie die Wahl, Ihr Leben neu zu bestimmen.

Das mag zunächst unglaublich erscheinen, aber Sie sind ein lebender Beweis dafür, dass es stimmt. Sie dürfen es nur tun, und es geschieht. Auf diesem Weg dürfen Sie Ge-

Der Code des Denkens 69

danken und Vorstellungen, die als mentale Krankmacher wirken, verabschieden. Diese zu kennen und zu meistern gehört zum Code des Denkens.

Diese Gedankenfallen sind:

- Die Vorstellung, dass es unbedingt erforderlich sei, von jedem Menschen in Ihrer Umgebung akzeptiert und geliebt zu werden.
- Die Meinung, dass es eine Katastrophe sei, wenn sich die Dinge nicht so entwickeln, wie Sie es gerne hätten.
- Der Glaube, dass die eigene Vergangenheit Ihr Leben weitgehend bestimmt und Sie kaum noch etwas ändern können.
- Die Vorstellung, dass manche Menschen böse und schlecht seien und dafür bestraft werden müssten, womöglich durch Sie.
- Der Glaube, dass menschliches Unglück vom Zufall abhänge und man darauf ja keinen Einfluss habe. Man habe eben Glück oder Pech.
- Der Glaube, dass die Gedanken von selbst kämen und man darauf nunmal keinen Einfluss habe.
- Die Vorstellung, dass man sich ständig Gedanken und Sorgen machen müsse, was alles passieren könne und ständig damit rechnen müsse, dass es auch tatsächlich eintrifft.
- Die Vorstellung, dass man unerwünschte Situationen wie Krankheit eben geduldig ertragen müsse, anstatt sie zu ändern.

- Der Glaube, dass jeder Mensch früher oder später krank werde und dass man daran nun mal nichts ändern könne.

Wenn Sie diese oder ähnliche Gedanken in Ihr Bewusstsein nehmen, sie womöglich dort festhalten und häufig wiederholen, dann wird Ihr Freund, der Körper, diese geistigen Fehlhaltungen bald schmerzhaft als Krankheit in Ihr Bewusstsein bringen.

Wenn gedankliche Vorstellungen Sie krank machen können, dann können diese Sie ebenso zuverlässig gesunden lassen. Sie dürfen daher negative Gedanken und Vorstellungen wie die zuvor genannten ersetzen durch die Erkenntnis, dass Ihre Körperzellen ein eigenes Bewusstsein haben, das augenblicklich auf Ihre Gedanken reagiert.

Ihre gedanklichen Vorstellungen prägen sich ständig jeder einzelnen Körperzelle ein, machen Sie gesund oder krank. Konzentrieren Sie darum Ihre geistige Schöpferkraft auf positive und erwünschte Vorstellungen von Gesundheit, Harmonie und Freude. Durch diesen Vorgang schließen Sie sich an eine kraftvolle Energiequelle an, die Ihrem Körper Gesundheit und Vitalität schenkt.

Sie dürfen es sich zur ständigen Gewohnheit machen, eventuelle negative Gedanken oder unerwünschte Vorstellungen sofort durch positive zu ersetzen. Denn Ihr Bewusstsein bestimmt Ihre Gesundheit und Ihr Wohlbefinden, Sie aber bestimmen Ihr Bewusstsein durch Ihr Denken.

Die Vergangenheit können Sie nicht ändern. Da hilft

kein Selbstmitleid, aber die Zukunft gehört Ihnen. Dort ist noch alles möglich, deshalb lohnt es sich nicht, Kraft durch Selbstmitleid zu vergeuden. Die bewusste Gestaltung der Zukunft ist möglich durch rechtes Denken. Denken und Fühlen bedeutet Bewegen geistiger Energie. Sie geben Ihrem Denken eine Richtung, dadurch geben Sie ihr eine Form (Denken = Information) – Ihre Gedankenenergie geht in die Form über und tritt sichtbar als Wirklichkeit in Erscheinung. Alles, was ist, wurde erdacht. Dieses Gesetz wirkt im Kleinen wie im Großen.

Das mentale Umerleben des vergangenen Tages und das mentale Vorauserleben des kommenden Tages sind darum kraftvolle Werkzeuge, um mit Ihrem Denkinstrument bewusst umzugehen. Sie können das ganz einfach praktisch vollziehen, indem Sie am Abend vor dem Einschlafen in Gedanken den Tag Revue passieren lassen. Sie gehen jede einzelne Situation durch und schauen diese an, ob sie sich für Sie stimmig anfühlt.

Wenn es während des Tages etwas gab, das nicht mit Ihnen im Einklang ist, zum Beispiel haben Sie einen unerfreulichen Brief erhalten, dann erleben Sie das Ganze um. Sie stellen sich vor, wie Sie den Brief öffnen und nun darin aber eine erfreuliche Botschaft lesen, die ganz in Ihrem Sinne ist.

Wichtig ist dabei, dass Sie die Szene nicht einfach nur sehen, sondern das Gefühl, das Sie dabei haben. Um was es geht, ist das Umfühlen. Spüren Sie die Freude über die positive Nachricht, die der »neue« Brief für Sie enthält. Das Gefühl ist der »Motor«, der Energien bewegt und da-

72 Der Code des Denkens

mit für Veränderung von Wirklichkeit, Ihrer Wirklichkeit, sorgt.

So können Sie jede Situation des vergangenen Tages in der abendlichen Rückschau umerleben. Das ist praktische Psychohygiene. Genauso können Sie auch den nächsten Tag und die möglichen herausfordernden Situationen (ein unangenehmes Gespräch, eine Prüfung etc.) entsprechend positiv vorauserleben. In einem nächsten Schritt dürfen Sie dann lernen, allmählich alle Ereignisse sofort umzuerleben in dem Moment, wo sie geschehen. Damit verhindern Sie sofort, dass diese langfristig zu Ihrem Schicksal werden können.

Wenn aber Ihre Gedanken Ihre Gesundheit und Ihr Schicksal bestimmen, dann dürfen Sie nicht nur lernen, mit Ihren Gedanken bewusst umzugehen, sondern auch den Körper zu beherrschen. Dann erkennen Sie auch, wer Sie sind, wer Sie wirklich sind: ein vollkommenes Wesen, ein ungetrennter Teil der *einen Kraft*.

Meditation zum Code des Denkens

Eine gute Möglichkeit ist, sich selbst in einer Stilleminute zu erfahren und dieses Kapitel »Der Code des Denkens« zu verinnerlichen.

Sie können die Meditation zunächst ganz durchlesen und anschließend mit geschlossenen Augen selbst nachvollziehen. Oder Sie sprechen die Meditation auf ein Diktiergerät und hören sich Ihre Aufzeichnung dann im entspannten Zustand an. Eine weitere Möglichkeit ist, dass Sie Ihren Partner oder einen guten Freund bitten, Ihnen die Meditation vorzulesen, während Sie sie Schritt für Schritt nachvollziehen.

Ich mache es mir nun einmal ganz bequem, schließe meine Augen und halte meinen Körper ganz still. Ich gestatte meinem Körper, einmal vollkommen bewegungslos zu sein. Ich bin ganz bewegungslos. Was mich noch bewegt, ist mein Atem. Ich beherrsche meinen Körper.

Aber ich beherrsche nicht nur meinen Körper; ich beherrsche auch meine Gedanken. Ich konzentriere nun einmal die Vielfalt meiner Gedanken auf einen Punkt – ich beobachte meinen Atem. Nichts verändern, einfach nur beobachten ...

Dabei erlebe ich vollkommene Konzentration, indem ich einfach alles andere loslasse, außer dem, was ich gerade tue. Ich beobachte meinen Atem.

Und während ich meinen Atem beobachte, erkenne ich: NICHT ich atme, ES ATMET MICH ... Es ist das Leben selbst, das mich atmen lässt.

Und ich erkenne, wer ich wirklich bin. Ich bin nicht der Körper; ich bin Bewusstsein. Ich bin das Bewusstsein, das dem Körper gestattet, vollkommen bewegungslos zu sein. Ich bin das Bewusstsein, das seine Gedanken auf einen Punkt konzentriert und mich atmen lässt. Und ich bin mir bewusst, dass ich Bewusstsein bin – ich bin erwachtes Bewusstsein.

Als erwachtes, gerichtetes Bewusstsein bin ich ein Kraftfeld, das sich jederzeit mit anderen und mit dem großen Ganzen verbinden kann – zu einem Kraftfeld des Guten. Und ich erlebe, was es bedeutet: WIR SIND ALLE EINS.

Ich beobachte jetzt einmal meine Gedanken.

Achte einfach darauf, welche Gedanken in mir sind.

Was mir einfällt – welche Bilder und Gefühle sie begleiten.

Lasse diese Gedanken einfach zu – lasse sie frei.

Beobachte nur, welche Gedanken in mir sind.

Lasse sie kommen und gehen.

Beobachte, was gedanklich in mir normalerweise abläuft.

Jetzt greife ich einen dieser Gedanken heraus.

Halte ihn fest.

Schaue ihn genauer an.

Woher kommt er?

Warum denke ich diesen Gedanken?

Welche Botschaft überbringt er mir?

Welche Einladung zur Handlung liegt in ihm?

Und ich gehe jetzt einmal mit diesem Gedanken um.

Wenn er mir gefällt, gehe ich noch tiefer in ihn hinein.

Schmücke ihn aus – male ihn aus – denke ihn weiter…

Wenn er mir nicht gefällt, dann ändere ich ihn jetzt.

Wie wünsche ich denn, dass es wirklich ist?

Welcher Gedanke würde mich mit Freude erfüllen?

Und ich ändere einfach diesen Gedanken – so lange, bis er mir gefällt.

Und betrachte jetzt den von mir geschaffenen Gedanken.

Freue mich darüber – und denke ihn weiter.

Jetzt lasse ich auch diesen Gedanken wieder los, lasse ihn frei.

Und lasse einen anderen Gedanken in mir auftauchen, nehme einfach den nächsten Gedanken und schaue ihn an – mache mir bewusst:

Wirkt der Gedanke aufbauend, wenn er sich in meinem Leben verwirklicht?

Ist es eine Freude, diesen Gedanken als meine Wirklichkeit zu erleben?

Und ich ändere jetzt entweder diesen Gedanken so, dass ich mich freuen kann, dass er in mein Leben kommt. Oder wenn er mir gefällt, bejahe ich ihn jetzt aus tiefstem Herzen und mache mir dabei bewusst, dass alles, was ich denke, ein Teil meines Lebens wird, dass es als Schicksal zurückkommt, sich verwirklicht als meine Wirklichkeit.

Und so prüfe ich jetzt ganz bewusst, was ich denke, betrachte jeden Gedanken ganz bewusst und ändere ihn so, dass ich ihn bejahen kann, dass ich ihn gerne in meinem Leben erleben möchte.

Es ist mir jetzt bewusst, dass ich schon immer das erlebt habe, was ich gedacht habe. Meine Gedanken schaffen Umstände, mein Leben, meine Wirklichkeit, mein Schicksal. Ich beschließe von jetzt an, bewusst mein Leben zu gestalten, bewusst zu denken, bewusst ich SELBST zu sein.

Jetzt erlebe ich, dass Gedanken frei sind von Raum und Zeit, dass ich jeden Gedanken in mein Bewusstsein nehmen kann, der für mich stimmig ist und mich mit Freude erfüllt.

Jetzt lasse ich diesen Gedanken los und denke an einen Strand, sehe mich am Strand spazieren gehen, sehe Palmen, höre das Rauschen der Wellen und das weite Meer, spüre die warme Sonne und den leichten Wind, erlebe mich ganz bewusst dort.

Jetzt lasse ich auch diesen Gedanken los und sehe mich in meiner Geburtsstadt, sehe mich als Kind, sehe meine Eltern, meine früheren Freunde, erlebe mich jetzt als Kind, das ich war, bin es jetzt.

Ich erfahre mich und meine Gedanken, frei von Raum und Zeit, denn ICH BIN Bewusstsein, und ich bestimme meine Gedanken und mein Schicksal.

Ich kann jeden Gedanken in mein Bewusstsein nehmen, der mir gefällt. So denke ich jetzt einmal an einen Elefanten. Ich erkenne, dass ich jeden Gedanken, den ich denke, im gleichen Augenblick auch sehe. Ich denke an den Elefanten und sehe ihn im gleichen Augenblick vor mir.

Aber ich erkenne auch, dass ich jeden verneinten Gedanken ebenfalls denke, das, was ich gar nicht denken will. So versuche ich jetzt, nicht an einen Elefanten zu denken, und ich erlebe, dass ich ihn trotzdem vor mir sehe. Ich kann nicht nicht denken. Ich erkenne, dass jeder Gedanke zu meiner Wirklichkeit wird, auch alles, was ich nicht wünsche.

Zuletzt erlebe ich, dass jeder Gedanke eine sofortige Wirkung auf mich und mein Leben hat, so denke ich jetzt einmal an Gähnen. Ich sehe mich, wie ich gähne, und spüre im selben Augenblick Müdigkeit in mir und die Bereitschaft zu gähnen.

So denke ich jetzt an ein herzhaftes Lachen, sehe eine Person vor mir, die mitreißend lacht, und spüre, wie mich dieses Lachen ansteckt, wie in mir das gleiche Lachen entsteht, und wenn ich will, lache ich einfach mit.

Jetzt lasse ich auch diesen Gedanken los, aber erlebe mich immer noch als Bewusstsein, als mich SELBST, weiß, ich bin es, der die Gedanken denkt und damit mein Leben und mein Schicksal.«

Dann löse ich mich behutsam aus der Stilleminute und kehre wieder zurück an die Oberfläche des Seins – zurück ins Hier und Jetzt!

Impulse zur praktischen Umsetzung

Sie sind nun eingeladen, ganz praktisch mit dem »Code des Denkens« zu arbeiten. Im Alltag können Sie das ganz einfach umsetzen, indem Sie einmal eine Woche lang, zu jeder vollen Stunde einen Moment lang innehalten und sich bewusst fragen: »Was habe ich gerade und die Momente davor gedacht?«

Schauen Sie sich an, welcher Natur Ihre Gedanken sind – aufbauend, positiv oder negativ? Waren Ihre Gedanken getragen von Wertschätzung sich selbst und anderen gegenüber? Haben Sie sich in Gedanken selbst beschimpft oder gelobt? Welche Gedanken haben Sie in Bezug auf Ihren Gegenüber gehegt? Herabwürdigend und beschimpfend? Oder liebevoll und aufbauend?

Damit Sie sich Ihre Gewohnheitsgedanken deutlich vor Augen führen, können Sie ein Gedanken-Tagebuch führen und in kurzen Stichpunkten diese Gedanken notieren. Nach spätestens einer Woche dürfte Ihnen klar sein, wes Geistes Kind Sie sind. Mit der Fülle an Anregungen aus diesem Kapitel können Sie dann ganz gezielt an die Transformation Ihrer Gedanken gehen.

Eine zweite praktische Übung ist das »Herz-Denken«. Praktizieren Sie einmal einen Tag lang bei jeder Begegnung mit einem anderen Menschen das Herz-Denken. Sie blicken dem anderen ins Gesicht und denken und fühlen dabei wahren Herzens: »Schön, dass es Dich gibt!« Mit dieser praktizierten Wertschätzung – alleine durch die Kraft Ihres Denkens – werden Sie Wunder erleben.

Wenn Ihnen gefällt, was Sie an diesem einen Tag erleben, dürfen Sie diese Übung gerne auf eine ganze Woche, einen Monat oder auch auf Ihr weiteres Leben ausdehnen.

Der Code des Denkens auf einen Blick

- Mit dem Code des Denkens erhalten Sie Zugang zu einer mächtigen Kraftquelle.
- Gedanken sind verdichtete Energie und setzen Materie in Bewegung. Am Anfang aller Manifestationen steht immer der Gedanke.
- *Jeder* einzelne Gedanke verändert Ihr Schicksal, verursacht Erfolg oder Pech, Krankheit oder Gesundheit, Leid oder Glück.
- Mit Gedankendisziplin werden Sie zum Meister Ihres Schicksals und damit Lebens.
- Ein Schlüssel zur Meisterung der Gedanken ist wahres positives Denken und positives Leben.
- Alle Macht ist dem Menschen durch richtiges Denken gegeben.
- Eine hilfreiche Übung zum Erlernen von Gedankendisziplin ist gezielte Gedankenprogrammierung.
- Ihr Bewusstsein bestimmt Ihre Gesundheit und Ihr Wohlbefinden, Sie aber bestimmen Ihr Bewusstsein durch Ihr Denken.
- Mit Psychohygiene und mentalem Umerleben schaffen Sie die gewünschte Wirklichkeit.

Achte auf Deine Gedanken!
Sie sind der Anfang Deiner Taten.

KONFUZIUS

3. Der Code der Achtsamkeit

In der Achtsamkeit zu sein bedeutet, die ungeteilte Aufmerksamkeit und Energie auf die Person oder die Sache gerichtet zu halten, mit der Sie jetzt gerade befasst sind. Das Wort »befassen« drückt das zu Grunde liegende Wirkprinzip sehr schön aus. Eine Fassung ist eine Halt gebende Form, im Gegensatz zur Zerstreuung. Worum es also geht, ist konzentriert und mit der einsgerichteten Aufmerksamkeit im jeweiligen Tun bewusst zu sein. Dieses Schenken der ungeteilten Aufmerksamkeit ist höchste Wertschätzung. Es bedeutet Zuwendung und ist damit ein Geschenk der Liebe.

Worauf richten Sie täglich schwerpunktmäßig Ihre Aufmerksamkeit? Auf Schönes, Angenehmes oder auf die unerfreulichen Dinge des Lebens? Das, worauf wir unsere Aufmerksamkeit richten, erfährt Verstärkung. Die Materie folgt der Energie (= den Gedanken).

Auch Wahrnehmen darf man lernen. Denn wir nehmen nicht einfach wahr, was ist, sondern wir nehmen nur wahr, wie wir gelernt haben, wahrzunehmen. Das ist das, worauf wir unsere Aufmerksamkeit richten. Wir richten unsere Aufmerksamkeit auf die Dinge, von denen wir eine Vorstellung haben.

Mit anderen Worten: Die Welt, so wie sie sich uns darstellt, entspricht der Summe unserer Erfahrungen, die wir mit eben dieser Welt gemacht haben. Dies entspricht unserem Denken, in das ständig neue Erfahrungen einfließen.

Die Ereignisse, die Ihnen begegnen, sind das Spiegelbild, die Resonanz Ihres augenblicklichen Entwicklungsstandes. Die Schaffung eines glücklichen, reifen und harmonischen Lebensweges ist abhängig von den eigenen Glaubensüberzeugungen, von der Rolle und dem Inhalt Ihrer Phantasie, von Ihren Träumen und der eigenen Imagination. Über diese Kanäle erhalten Sie auch ständig Botschaften über die Wirklichkeit und Ihre Aufgabe.

Zu den schwierigsten Aufgaben des Lebens gehören manche Mitmenschen, die Ihnen in der Familie, Verwandtschaft, im Freundeskreis und am Arbeitsplatz begegnen. Sie nehmen diese Menschen und alles, was Ihnen begegnet, nämlich nicht einfach wahr. Sie nehmen nur wahr, »wie« Sie gelernt haben, wahrzunehmen. Und Sie nehmen wahr, worauf Sie Ihre Aufmerksamkeit richten. Sie sind mit Ihrer Achtsamkeit nur bei dem, von dem Sie eine Vorstellung haben, dass es existiert und wie Sie es wahrnehmen können. Kurz gesagt, das Muster Ihrer angelernten Vorstellung nimmt sich beständig wahr, verstärkt dieses und klammert die Möglichkeiten anderer Wahrnehmungen immer stärker aus.

Sie können diese Theorie zum Code der Achtsamkeit anhand einer kleinen *Übung* leicht selbst nachvollziehen:

Drehen Sie sich etwa zehn- bis zwanzigmal blitzschnell um die eigene Achse, bis Ihnen leicht schwindlig wird. Dann halten Sie die Bewegung an und blicken auf den

Boden. Nun werden Sie mit Erstaunen feststellen, dass sich der Boden weiter um Sie dreht, obwohl Sie sich jetzt nicht bewegen.

Nun können Sie sich fragen, ob sich der Boden wirklich weiter drehen könnte, wenn er sich tatsächlich »dort draußen befände«, wo Sie ihn vermuten, nämlich in der objektiven Außenwelt. Denn würde er sich wirklich dort draußen befinden, dann könnte er sich nicht drehen. Denn wir wissen genau, dass sich der Boden nicht dreht. Was sich dreht, sind Ihre Vorstellungsmuster im Kopf. Und wenn sich der Boden in Ihrer Wahrnehmung dreht, dann dreht sich Ihre Wahrnehmung vom Boden im Kopf.

Nun dürfen wir uns fragen, was wir mit unseren Augen denn überhaupt sehen? Nehmen wir die objektive Außenwelt wahr oder nur unsere subjektiven Vorstellungsmuster?

Das bedeutet mit anderen Worten: Die Welt, so wie sie sich uns darstellt, entspricht der Summe unserer Erfahrungen, die wir mit eben dieser Welt gemacht haben. Das entspricht gleichzeitig auch unserem Denken, in das beständig neue Erfahrungen einfließen, was sich in einem immer wieder leicht modifizierten Weltbild niederschlägt.

Das einfache Gesetz lautet: Je mehr Schönes Sie in Ihrem Leben erkennen können, desto mehr Schönes wird folgen. Im Umkehrschluss gilt dasselbe. Wer immer nur Negatives bemerkt, wird rasch noch mehr von dieser unangenehmen Sorte in sein Leben ziehen.

Den guten Hinweis, den ich Ihnen darum geben kann ist: »Mensch, ärgere Dich nicht.« Ärger macht alles nur noch ärger. Nicht große Schicksalsschläge machen krank, sondern Alltagsärger. Da ist der plötzlich abgerissene Schnürsenkel, der rücksichtslose Drängler auf der Autobahn oder die von Kollegen zerfledderte Zeitung.

Der Forscher Richard Lazarus von der Universität Berkeley in Kalifornien hat in einer Studie nachgewiesen: Die ärgerlichen Kleinigkeiten des Alltags sind in weit größerem Maße Mitverursacher eines erhöhten Blutdrucks, von Asthmaanfällen oder Angina Pectoris als die viel zitierten schweren Schicksalsschläge. Offenbar entwickeln Menschen Abwehrmechanismen, um besser mit großen Problemen fertig zu werden.

Zur täglichen »Schadensbegrenzung« empfehlen Experten:

- Sprechen Sie mit Kollegen, Partnern und Familienmitgliedern auch lösungsorientiert über diese nervenden Kleinigkeiten.
- Bei einer Arbeitsüberlastung sich immer nur auf eine Sache konzentrieren.
- Sortieren Sie nach Wichtigkeit und Dringlichkeit.
- Erledigen Sie nie mehrere Aufgaben gleichzeitig, auch nicht in der Freizeit.

Der Code der Achtsamkeit bedeutet, immer ganz mit der Aufmerksamkeit im Hier und Jetzt bei der Sache zu verweilen, die Sie jetzt gerade tun. Wenn Sie gehen, gehen Sie. Wenn Sie lesen, lesen Sie. Wenn Sie telefonieren, dann telefonieren Sie. Wenn Sie mit einem anderen Menschen sprechen, dann sprechen Sie ganz bewusst mit ihm. Dadurch zeigen Sie Respekt und Wertschätzung.

Kennen Sie das »Geheimnis des ersten Wortes«? Das erste Wort bestimmt das Niveau Ihrer Begegnung: Denn die Ebene, die Sie im anderen ansprechen, die antwortet. Also bestimmen Sie nicht nur bewusst das erste Wort, den Gedanken dahinter, den Ton, die Gestik und Mimik, sondern vor allem Ihr Bewusstsein:

- Aus welchem Bewusstsein sprechen Sie?
- Wer in Ihnen fragt wen im anderen?
- Sind Sie auf der Ebene des Verstandes, des Gemüts, Egos, Unterbewusstseins?
- Oder begegnet Ihr wahres *Selbst* dem anderen in höchster Wertschätzung?

Sie dürfen sich erinnern, dass die kürzeste Entfernung zwischen zwei Menschen ein Lächeln ist.

Bevor Sie das erste Wort sagen, kommt der wichtigste Teil des Redens, das *Zuhören*. Besser noch, das *Hinhören*. Dabei darf Ihr Bewusstsein aufmerksam und einsgerichtet sein, damit Sie mit dem Herzen hören und nicht nur mit den Ohren. So hören Sie nicht nur, was der andere sagt, sondern auch, was er nicht sagt – vielleicht gar nicht sagen kann, vielleicht nicht einmal bewusst weiß.

Wenn Sie mit dem Herzen zuhören und hinhören, und der andere sagt Ihnen nur »Guten Tag«, haben Sie bereits eine ganze Reihe von Informationen erhalten über seinen derzeitigen Gemütszustand, seine Gesundheit, seine Partnerschaft, seinen Beruf und seine Lebensphilosophie. Die übermittelte Wortinformation ist dabei das Unwichtigste.

Sie dürfen sich der Aufgabe widmen, das erste Wort des anderen ganz bewusst und selektiv hören zu lernen in puncto Gesundheit, Familie, Bewusstsein, Sympathie usw.

Zum Code der Achtsamkeit gehört darum auch der weise Gebrauch der Sprache und ein Stoppen der Wortinflation. Jedes unbedachte Wort in einem Gespräch ist ein falsches Wort. Eine Übung dabei ist, die eigene Stimme nicht über den eigenen Horizont hinaus zu erheben und achtsam mit seiner Rede umzugehen. Es ist weiser, mehr zu wissen als man sagt, als umgekehrt.

Wissen Sie, wie viele Worte die zehn Gebote haben? Genau 287 Worte. Die amerikanische Unabhängigkeitserklärung hat 300 Worte, manche EU-Bestimmung über die Einfuhr von Bonbons umfasst mehr als 20 000 Worte. Jedes Ihrer Worte darf ein Geschenk sein, eine Gabe, die höchste Wertschätzung ausdrückt. In diesem Sinne sind Sie eingeladen, Worte nur für drei Zwecke zu gebrauchen:

- zum Helfen und Heilen
- zum Beraten und Trösten
- zum Danken und Segnen

Wir dürfen darum weniger Worte machen, aber mehr darauf achten, dass wirklich jedes unserer Worte ein Geschenk und eine Freude für den anderen ist. Das ist gelebte, behutsame und liebevolle Höflichkeit und Wertschätzung, die andere Menschen berührt.

Ich habe es mir zu einer lieben Angewohnheit gemacht, dass ich, bevor ich das erste Wort spreche, eine Stille-Sekunde einlege. In dieser Zeit lasse ich ganz bewusst Liebe fließen. Aus der Mitte meines Herzens strömt es so vom *Ich* zum *Du*. In diesem Bewusstsein spreche ich dann das Wort. In dieser Haltung fließt in meine Rede automatisch das Richtige ein. Wenn ich so das Richtige spreche, fühlt sich auch das Richtige im anderen angesprochen und antwortet entsprechend.

Im achtsamen, wertschätzenden Umgang mit Menschen ist Sensibilität ein wichtiger Schlüssel für ein geschmeidiges Miteinander:

- Jeder darf so sein, wie er gerade ist.
- Begegnen Sie anderen in einer Haltung der Freundlichkeit.
- Aktives Zuhören und Hinhören sind wichtiger, als selbst zu reden.
- Machen Sie dem anderen authentische und ehrlich gemeinte »Wortgeschenke«.
- Anerkennen Sie jede Verbesserung, auch die kleinste. Aus dem Kleinsten kann das Große geboren werden.
- Seien Sie herzlich in Ihrer Anerkennung und großzügig mit Ihren Worten.
- Seien Sie aufrichtig, die Dinge vom Standpunkt des anderen zu sehen.
- Stellen Sie sich auf die Ideen und Wünsche anderer ein.
- Setzen Sie eine ehrliche und bewusste Haltung beim anderen voraus.

- Achten Sie die Ansichten des anderen! Sagen Sie niemandem, dass er Unrecht habe.
- Wenn Sie sich geirrt haben, geben Sie es schnell und offen zu.
- Der beste Weg, einen Streit zu gewinnen: Vermeiden Sie ihn!

In diesem Zusammenhang ist der weise Umgang mit Kritik wichtig. Oftmals ist ungerechte Kritik ein verkapptes Kompliment. Wichtig ist die Erkenntnis, dass Lob oder Kritik an Ihrer Person immer nur die persönliche Meinung eines anderen darstellt. Und diese kann richtig oder falsch sein. Wenn die Kritik berechtigt ist, dann sind Sie dem anderen dankbar, dass er Sie darauf aufmerksam gemacht hat. Denn er hat Ihnen so Gelegenheit gegeben, an sich zu arbeiten und Ihr Bewusstsein zu erweitern, sich zu verbessern und Falsches oder Unerwünschtes loszulassen. Ist es aber falsch, was der andere Ihnen vorwirft, dann haben Sie erst recht keinen Grund, ihm böse zu sein, denn er hat sich einfach nur geirrt. Und jeder Mensch hat das Recht, sich zu irren. Lobt der andere Sie aber, so können Sie sich freuen, dass er eine so gute Meinung von Ihnen hat. Aber Sie wissen natürlich, dass auch dadurch keine neue Wirklichkeit geschaffen wurde. Auch das Lob ist nur die Meinung eines anderen über Sie, die Sie gelassen hinnehmen können.

Ob also jemand Lob oder Kritik äußert, es ist gleichgültig (= gleichermaßen gültig). Sie verhalten sich gelassen und prüfen nur objektiv, ob und welche Konsequenzen Sie daraus ziehen wollen, ziehen diese und lassen die Situation wieder los.

> *Wir sind alle geneigt, Kritik übelzunehmen und Lob wie Honig aufzuschlecken, ganz gleich ob Kritik und Lob gerechtfertigt sind. Wir sind keine Geschöpfe der Vernunft; wir sind Geschöpfe des Gefühls. Unsere Vernunft gleicht einem Boot, das auf dem tiefen, dunklen, stürmischen Meer unserer Gefühlswelt umhergetrieben wird.*
>
> DALE CARNEGIE

Zum Code der Achtsamkeit gehört auch die Intuition. Sie ist ein Schlüssel für den guten Umgang mit sich selbst, anderen und damit für ein glückliches Leben.

Wer besitzt Intuition? Jeder! Wir alle sind intuitiv und dennoch scheinen einige Menschen mehr Intuition zu besitzen als andere. Diese Menschen scheinen immer die richtige Entscheidung zu treffen und schwierige Probleme ohne viel Federlesens optimal zu lösen.

Im Lexikon wird Intuition definiert als »unmittelbare innere Wahrnehmung« oder »eingebungsartiges Schauen«. Das Wort kommt vom Lateinischen »intuitus« und heißt Blick oder Anblick. Es ist also eine nicht durch Erfahrung oder verstandesmäßige Überlegung gewonnene Einsicht. Es ist ein unmittelbares Erleben der Wirklichkeit. Goethe nennt Intuition »eine aus dem inneren Plauschen sich entwickelnde Offenbarung«.

Intuition ist in einem viel stärkeren Maße an unserem

Alltagsleben beteiligt, als wir glauben, und ein wesentlicher Bestandteil unserer Kreativität. Das wohl wichtigste Charakteristikum der Intuition ist, dass sie meist in den Pausen zwischen den Denkvorgängen auftritt, oft erst dann, wenn wir bereits aufgegeben haben, mit der Vernunft eine Lösung zu finden. Doch nicht jede blitzartige Eingebung ist auch wirklich eine Intuition. Erfahren wir aber Intuition, wissen wir es meist im selben Augenblick.

Intuition können Sie trainieren. Das beginnt damit, dass man Intuitionshindernisse abbaut. Dazu dürfen Sie sich fragen:

- Wie ist Ihre Einstellung zu intuitivem Handeln?
- Haben Sie Vertrauen dazu oder erscheint Ihnen das zu vage?
- Welche Vorurteile haben Sie durch die Umwelt oder Erziehung vermittelt bekommen?

Diese Fragen dürfen Sie analysieren und bereinigen durch eine neue Haltung der Offenheit.

Sie sind eingeladen, jede Gelegenheit des Alltags zu Ihrem persönlichen Intuitionstraining zu nutzen. Das schult zugleich Ihre Achtsamkeit. Nehmen Sie zum Beispiel Ihre Intuition bei der Suche nach einem Parkplatz zu Hilfe, indem Sie sich von innen »führen« lassen – zu Ihrem Parkplatz. Fragen Sie zum Beispiel Ihre Intuition nach dem Wetter vor einer Reise oder nach der besten Strecke. Raten, genauer gesagt »intuitieren« Sie, welcher Aufzug zuerst kommt, wenn mehrere vorhanden sind.

Nun gehen Sie in die Achtsamkeit und nehmen wahr, wie sich Intuition bei Ihnen bemerkbar macht:

- Ist es eine innere Gewissheit?
- Oder ein bestimmtes Gefühl?
- Sehen Sie ein bestimmtes Bild?
- Hören Sie diese als Stimme?

Wie auch immer Intuition sich in Ihrem Leben bemerkbar macht, hören Sie darauf! Schon Albert Einstein sagte: *»Was wirklich zählt, ist Intuition.«* Intuition ist unentbehrlich, und doch behaupten manche Leute, es gäbe sie überhaupt nicht. Andere halten dagegen große Stücke auf sie und wüssten gar nicht, wie sie ohne Intuition auskommen sollten.

Wenn je ein Zeitalter dringend Intuition gebraucht hat, dann ist es das unsere. Wir dürfen darum alles tun, um zu lernen, uns in das allwissende Informationsfeld des All-bewusstseins einzuschalten. Der bekannte Wissenschaftler Gregg Braden spricht davon, »im Einklang mit der göttlichen Matrix« zu sein. In diesem Zustand des reinen Gewahrseins, des sicheren inneren Wissens, brauchen Sie keine Entscheidungen mehr zu fällen. Sie »treffen« (= im Sinne von begegnen) dann ganz automatisch die richtige Entscheidung. Damit können Sie mehr erreichen als nur persönlichen Erfolg oder Glück. Fachleute sind sich einig, dass die derzeitige Situation und die vor uns liegende Zeit mehr Herausforderungen bringen und weniger berechenbar sind mit dem Verstand, als jede Zeit zuvor.

Sie werden es schon erlebt haben, dass Sie oft in Sekunden

eine Entscheidung auf Grund nur begrenzter Informationen treffen mussten. In so einer Situation sind Fehler nicht nur wahrscheinlich, sondern auch immer folgenschwerer. Darum ist Intuition so wichtig. Erwecken Sie dieses Potenzial in sich. Wir alle haben Ahnungen, Inspirationen, eine innere Stimme, ein Bauchgefühl. Das ist Ihr eigenes, oft übersehenes und vernachlässigtes, aber trotzdem sehr wirksames intuitives Potenzial. Wir alle verfügen über die latente Fähigkeit, in jeder Situation die richtige Entscheidung zu treffen oder ein scheinbar schwieriges Problem sofort zu lösen.

Jeder Mensch hat zwei Möglichkeiten der Wahrnehmung: die bewusste und die intuitive. Jede der beiden Möglichkeiten hat ihre eigene Art der Erfassung, des Umgangs und Erinnerns. Die bewusste Wahrnehmung wird vom Verstand in Worte gefasst, und dieses Verbalisieren gibt uns Sicherheit und Vertrauen. So wird alles verarbeitet, was man bewusst mit den fünf Sinnen aufnimmt – was man sieht, riecht, fühlt, hört und schmeckt.

Die Ergebnisse der intuitiven Wahrnehmung werden nicht in Worten ausgedrückt. Sie erfolgen energetisch und holistisch, aber dieses intuitive Wissen kann nur schwer in Worte gefasst werden. Sitz der Intuition ist die rechte Hemisphäre (Seite) unseres Gehirns, die auch die »stumme Seite« genannt wird, weil sie nicht verbalisieren und artikulieren kann. Die Fähigkeit dazu sitzt, wie der logische Verstand, in der linken Hirn-Hemisphäre. Erst in dem Maße, wie ein Mensch gelernt hat, beide Teile seines Gehirns gleichzeitig zu benutzen, weiß er Intuition nicht nur, er kann sie auch zum Ausdruck bringen.

Wir können Intuition daher als ein unmittelbares Erfassen der Wahrheit und Wirklichkeit definieren, das unabhängig vom bewussten Verstand und dem Denken erfolgt. Meist erfolgt eine Intuition in einer Denkpause, wenn der Verstand schweigt oder nicht mehr weiterweiß. Sie ist ein direkter »Einfall« aus dem Überbewusstsein, dem allwissenden Bewusstsein, und wird daher auch sofort als wahr und richtig erkannt.

Manchmal streift Intuition uns jedoch nur, huscht durch unser Bewusstsein, und was bleibt, ist die Erinnerung: »Eben habe ich es noch gewusst!« Die Lösung war zum Greifen nahe, aber es ist, als versuche man eine Schneeflocke mit einer Hand zu fangen. Sobald ich sie erfasst habe, löst sie sich auf. Man kann jedoch die Intuition erneut einfangen und länger festhalten, indem man die Bedingungen wiederherstellt, unter denen man die Intuition empfangen hat. Das geschieht, indem man sich in die Stimmung des intuitiven Augenblicks, in dieses erlebte Gefühl, versetzt, die Gedanken noch einmal denkt, die man dabei gedacht hat, oder wenn möglich Gedankenstille herstellt.

Das Ergebnis der Intuition ist immer ein direktes Erfassen der Wirklichkeit und Wahrheit, energetisch und holistisch. Das führt zu einem unmittelbaren Verstehen, das in seiner Reichweite so umfassend ist, dass es zu einem »universellen Denken« führt, einem Hauptmerkmal der Erleuchtung.

Sie können lernen, sich in dieses morphogenetische Informationsfeld des Allbewusstseins, in die göttliche Matrix, einzuklinken und in ständigem, bewusstem Kontakt mit ihm zu bleiben. Dies geschieht, indem Sie eine einfache Übung praktizieren. Stellen Sie sich vor Ihrem geistigen Auge vor, wie sich Ihr Scheitelchakra (es befindet sich über Ihrem Kopf) öffnet. Nun stellen Sie sich vor, dass über das offene Chakra das höchste Prinzip, die *eine Kraft*, einströmt und sich als Intuition manifestiert. Sie können ihr gestatten, Sie ganz zu erfüllen, behutsam Ihr Denken zu lenken und Ihr Handeln zu bestimmen, bis Sie ganz aus dieser Kraft und Intuition leben!

Ergänzend können Sie Ihre Intuition praktisch trainieren mit folgender Technik:

Schritt eins
Atmen Sie vier Sekunden lang tief ein, und »sehen« Sie dabei über sich das strahlende Licht des Allbewusstseins.

Schritt zwei
Halten Sie den Atem an, während Sie bis zwölf zählen (= zwölf Sekunden lang). Gedankenstille und Atempause kommen von selbst. Erheben Sie dabei Ihr Bewusstsein in das Allbewusstsein, und sehen Sie dabei die Aufgabe, für die Sie eine Inspiration brauchen.

Schritt drei
Dann atmen Sie aus und warten, bis ein neuer Atemzug kommt. Und nun beginnen Sie wieder bei Schritt eins. Insgesamt machen Sie das so sieben Atemzüge lang.

Schreiben Sie anschließend auf, was Ihnen als Ideen und Gedanken in den Sinn kommt.

Mit zunehmender Übung werden Sie dabei immer erfolgreicher sein und sicher in Ihrem »direkten Draht nach oben«.

Zum Code der Achtsamkeit gehört auch die Meditation. Der mittelalterliche Mystiker Meister Ekkehardt sagt: »*Im Gebet spreche ich zu Gott, in der Meditation spricht Gott zu mir.*« Meditation ist Sammlung von Körper, Seele und Geist an einem Punkt – die Herstellung der Einheit in uns selbst. Denn nur so ist die Einheit mit der *einen Kraft* und damit mit dem Leben und dem großen Ganzen zu erreichen.

Auch der Buddha betonte immer wieder das Gebot der Achtsamkeit: »*Bemüht Euch um Achtsamkeit, es ist der gerade Weg zur Erleuchtung.*« Das bedeutet nichts anderes, als achtsam seinen Gedanken, seinem Körper, seinen Mitmenschen, allem Sein und allem, was wir tun, zu begegnen.

Wenn Sie den Code der Achtsamkeit als Schlüssel anwenden, dann wird das ganze Leben zur Meditation. Achtsamkeit ist Meditation und Meditation ist Achtsamkeit. Wenn Meditation so verstanden wird, dann wird sie auch nicht zu etwas Künstlichem oder zu einer selbst auferlegten Pflicht. Ebensowenig ist sie ein Geheimpfad, der nur Eingeweihten offen steht und dazu dient, besondere Erkenntnisse zu erlangen oder besondere Erlebnisse zu haben.

Meditation ist reines *Sein*. Es ist das Schweigen der Gedanken, der Sinne, des Gefühls und des Willens. Meditation ist Einswerdung mit der Harmonie der Schöpfung. Dieses Eins-*Sein* mit der Harmonie der Schöpfung beinhaltet höchste Wertschätzung für alles, was ist.

Mit einer achtsamen Haltung durch den Tag zu gehen schärft auch Ihr Bewusstsein dafür, dass alles seinen Sinn hat. Sie erleben besondere Begegnungen, haben neue Erkenntnisse und sehen Dinge, die Ihnen auffallen. Sie sind »merkwürdig« – würdig, dass Sie sie sich merken.

Am besten arbeiten Sie hier mit einem Tagebuch. Halten Sie im Laufe des Tages, spätestens am Ende des Tages, als Tagesrückblick alles fest, was so an »merkwürdigen« Ereignissen passiert ist. Fragen Sie beim Sammeln nicht nach dem Sinn, nach der Ursache und nach der Bedeutung für Sie. Wenn es in Ihrem Wahrnehmungsbereich geschehen ist, ist es wichtig für Sie. Oftmals können das gerade die Kleinigkeiten sein. Sie dürfen achtsam sein, denn gerade diese wollen Ihnen Hinweise geben. Sie sind Ausdruck unserer Führung.

Ich zeichne diese kleinen »Merkwürdigkeiten« auf, die mir im Lauf des Tages geschehen, ohne dass ich mir sofort einen Reim darauf machen kann. Es kann sein, dass es ganz seltsame Dinge sind: Da funktioniert ein Anrufbeantworter nicht; ein falscher Anruf trifft ein; ein Fehler, der mir unterläuft; ein ungewöhnlicher Kalenderspruch; eine zufällig im Vorbeigehen aufgeschnappte Bemerkung. Und je mehr ich übe, sensibel und achtsam zu sein, desto mehr entdecke ich die Kleinigkeiten meines täglichen Lebens als Hinweise für das, was ich suche oder für etwas, was das Leben nun als nächsten Schritt oder Entscheidung von mir getan haben möchte.

Das Üben mit dem Tagebuch zeigt Ihnen auch, dass auf Ihre Bitte immer eine Botschaft folgt. Immer dann, wenn Sie eine Frage nach innen richten, bekommen Sie die Antwort. Zunächst mögen Sie daran zweifeln, dass das so ist. Dabei ist es ganz einfach: Auf die Antwort treffen Sie in Ihrem täglichen Leben. Die nächstliegenden Dinge, die in Ihrem Leben passieren und die Ihnen auffallen, weil sie irgendwie »merkwürdig« sind, enthalten verschlüsselt die Antwort. Deshalb ist es so wichtig, bewusst zu sein.

Wenn Sie so aufzeichnen, was am Tage an »Merkwürdigem« geschieht, dann kann man das sinnvoll in Etappen tun – in der Mittagspause, zwischen zwei Gesprächen und dann wieder am Abend. Wenn Sie dann alles durchlesen, mag der Eindruck entstehen, dass alles keinen Sinn macht; so als ob die Geschehnisse isoliert nebeneinander stehen, die geschehen sind. Nun mögen Zweifel auftreten, ob es zweckmäßig ist, diese Aufzeichnungen weiterzuführen. Und plötzlich, wenn man es vielleicht gar nicht mehr erwartet, kommt ein Gedankenblitz. Sie erkennen plötzlich, dass sich zehn der 20 Ereignisse, die Sie an einem Tag festgehalten haben, um das gleiche Thema drehen. Dies war Ihnen bisher nur verborgen geblieben. Und nun können sie die verschlüsselte Antwort wie ein offenes Buch lesen. Es ist wie bei den Mosaiksteinen: Anfangs, in einen Rahmen gesetzt, wirken sie scheinbar zusammenhanglos nebeneinander aufgereiht; und dann, ganz plötzlich, ergeben sie ein Bild, das man vorher nicht erkennen konnte.

Deshalb bin ich überzeugt, dass alles, was in meinem Leben geschieht, einen Sinn hat. Auch dann – oder besonders dann –, wenn ich ihn noch nicht erkenne. So kann ich achtsam durch meinen Alltag gehen und allem, was mir widerfährt, mit Wertschätzung begegnen. Weil alles ein Geschenk des Lebens an mich ist.

Meditation zum Code der Achtsamkeit

Zur Verinnerlichung des Kapitels »Der Code der Achtsamkeit« sind Sie zu einer kleinen Meditation eingeladen, die der Förderung der Intuition dient.

Sie können die Meditation zunächst ganz durchlesen und anschließend mit geschlossenen Augen selbst nachvollziehen. Oder Sie sprechen die Meditation auf ein Diktiergerät und hören sich Ihre Aufzeichnung dann im entspannten Zustand an. Eine weitere Möglichkeit ist, dass Sie Ihren Partner oder einen guten Freund bitten, Ihnen die Meditation vorzulesen, während Sie sie Schritt für Schritt nachvollziehen.

Machen Sie es sich ganz bequem, atmen Sie ein paarmal tief ein und aus, und lassen Sie den Alltag und Belastendes ganz einfach hinter sich.

Ich bin der bewusste Denker, nicht der Gedanke.
Ich bin der, der fühlt, nicht mein Gefühl.
Ich bin der bewusste Beobachter meines Lebens.
Ich bin Geist – Bewusstsein – bewusster Geist.
Das Leben »geschieht« durch mich.
Ich lasse das Denken los, lasse es ohne Beachtung geschehen.

Mache mir keine Gedanken über die Gedanken.

Ich sitze auf einem hohen Berggipfel und nehme alles wahr.

Ich meditiere mit Körper, Seele und Geist.

ES atmet mich, und über den Rhythmus des Atems bin ich im Einklang mit allem.

Ich nehme wahr, wie die EINE KRAFT in jede Zelle meines Körpers strömt und mich ganz erfüllt.

Ich spüre, wie mein Körper pulsiert im Rhythmus der Schöpfung.

ES lebt durch mich – ES handelt durch mich.

Ich öffne die Tore der Wahrnehmung meiner Seele und erlebe die Unendlichkeit des geistigen Raumes.

Mein Bewusstsein öffnet sich ganz weit – ganz weit.

Ich werde immer weiter – weiter – grenzenlos – allumfassend.

Höchstes Bewusstsein strömt über mein Scheitelchakra in mich ein.

Es lenkt behutsam mein Denken und bestimmt mein Handeln.

Es erfüllt mein ganzes Sein.

Ich bin eins mit dem höchsten Bewusstsein.

Bin eins mit dem Höchsten – ICH BIN.

In dieser Einheit bin ich auch eins mit dem »Informationsfeld des All-Bewusstseins«.

Alle Information steht mir zur Verfügung, und ich erkenne, worauf ich mein Bewusstsein richte.

Erkenne die Antwort auf jede Frage, die Lösung jedes Problems.

Absolute Fülle umgibt mich an Information, Wissen, Erkenntnis.

Das ganze Universum ist mein Körper.

Ich bin ALLES.
ICH BIN wieder ganz bewusst, der ICH BIN.
ICH BIN!
Mit diesem Bewusstsein gehe ich von nun an durch den Tag
und durch mein Leben. Und dafür bin ich dankbar.

Impulse zur praktischen Umsetzung

Wer im Kleinen die Wunder ER-kennt, der ist offen und bereit für die großen Wunder. Wer das Kleine ehrt, ist auch das Große wert. Sie dürfen gerade heute mit dem Code der Achtsamkeit den Tresor zur inneren und äußeren Schatzkammer öffnen. Das ist ganz einfach, wenn auch vielleicht nicht immer leicht.

Beginnen Sie den Tag, indem Sie ganz achtsam schauen, was Ihnen begegnet. Werden Sie von einer Amsel vor Ihrem Fenster geweckt? Können Sie sich an der Schönheit des Vogelgesangs erfreuen?

Wie schaut Ihr Partner? Werden Sie mit einem Lächeln am Frühstückstisch empfangen? Erwidern Sie dieses Lächeln? Können Sie ein Strahlen in den Augen Ihres Liebsten entdecken?

Welche Überraschungen begegnen Ihnen auf dem Weg ins Büro? Ein besonders aufmerksamer Autofahrer, der Sie in die Kolonne einfädeln lässt? Eine liebe Kollegin, die Sie mit Schokolade verwöhnt? Das sind wertvolle Kleinigkeiten, die in Wahrheit wundervolle Geschenke bedeuten, weil sie Ihr Herz berühren.

Je mehr Sie in einer Haltung der Achtsamkeit ruhen, umso mehr Geschenke werden Ihnen begegnen. Wenn Sie diese Gaben ehrlichen Herzens dankbar annehmen, umso mehr wird das Leben Ihnen aus seinem überreichen Füllhorn schenken.

Der Code der Achtsamkeit auf einen Blick

- In der Achtsamkeit zu sein bedeutet, die ungeteilte Aufmerksamkeit und Energie auf die Person oder die Sache gerichtet zu halten, mit der Sie jetzt gerade befasst sind.
- Das, worauf wir unsere Aufmerksamkeit richten, erfährt Verstärkung. Die Materie folgt der Energie (= den Gedanken).
- Je mehr Schönes Sie in Ihrem Leben erkennen können, umso mehr Schönes folgt.
- Sie dürfen einen weisen Gebrauch der Sprache und ein Stoppen der Wortinflation üben.
- Im achtsamen, wertschätzenden Umgang mit Menschen ist Sensibilität ein wichtiger Schlüssel für ein geschmeidiges Miteinander.
- Lernen Sie den weisen Umgang mit Lob und Kritik.
- Intuition ist ein Schlüssel für den guten Umgang mit sich selbst, anderen und damit für ein glückliches Leben.
- Intuition ist immer ein direktes Erfassen der Wirklichkeit und Wahrheit, energetisch und holistisch.
- Wenn Sie den Code der Achtsamkeit als Schlüssel anwenden, dann wird das ganze Leben zur Meditation.

- Achtsamkeit ist Meditation und Meditation ist Achtsamkeit.
- Gehen Sie achtsam durch den Alltag, und begegnen Sie allem, was Ihnen widerfährt, mit Wertschätzung: weil alles ein Geschenk des Lebens an Sie ist.

Achtsamkeit
Führt zu tiefer Einsicht und zum Erwachen.

SCHLÜSSEL ZUM ZEN

4. Der Code der Schwingung und Resonanz

Ihre Lebensumstände, Ihre Probleme, Ihr Beruf, Glück und Pech, Erfolg und Misserfolg – alles, was Ihnen begegnet, ist eine Wirkung Ihrer Schwingung. Diese Schwingung setzen Sie in Gang durch Ihre Gedanken, Ihre Worte, Ihre Taten. Sie selbst sind ein riesiges Energiefeld, ein Sender, der permanent Impulse – Schwingungen – abstrahlt. Das, was damit in Resonanz steht, wird angezogen und tritt als Personen, Ereignisse und Begegnungen in Ihr Leben. Und ebenso zuverlässig schließen Sie damit andere Ereignisse und Umstände aus, auch wenn Sie sich diese noch so sehr wünschen oder sie ganz dringend brauchen. Das, was Sie so verursachen, erleben Sie dann als Ihr Schicksal.

Nun stellen Sie sich einmal vor, Sie könnten *alles* in einem Augenblick ändern. Sie können so ganz bewusst bestimmte erwünschte Ereignisse und Umstände in Ihr Leben ziehen. Das geschieht, indem Sie mit dem erwünschten Ereignis in »*Ein*-Klang« kommen. Sie kommen mit etwas in Einklang, indem Sie es in Ihrer Vorstellung als »bereits erfüllt« erleben. Je intensiver Ihre Vorstellung und vor allem das dabei erlebte Gefühl ist, desto stärker ist die Manifestationskraft.

Durch Identifikation mit dem erwünschten Endzustand Ihres Zieles nehmen Sie es geistig in Besitz. Sie machen sich so resonanzfähig, ja geradezu magnetisch für dieses Ereignis. So wird aus einer Möglichkeit der Zukunft eine Realität der Gegenwart. Damit rufen Sie dieses Ereignis »in Erscheinung«, und das Leben muss es in der äußeren Realität manifestieren als Tatsache.

Sie können so *jedes* beliebige Ereignis in Ihrem »Leben geschehen lassen« und der Erfolg wird unvermeidlich. Sie brauchen nur die Energie des erfüllten Wunsches zu schaffen, ihn mit Wertschätzung zu erfüllen und zu halten, bis der erwünschte Endzustand in der äußeren Realität in Erscheinung tritt. Dabei ist es sehr hilfreich, sich mit einem starken Gefühl der Freude und Dankbarkeit zu erfüllen. Und: Sie dürfen sich wert fühlen, das Gewünschte auch zu bekommen.

Jesus sagte:

Wer sucht, soll nicht aufhören zu suchen, bis er findet; und wenn er findet, wird er erschüttert sein; und wenn er erschüttert worden ist, wird er sich wundern und wird über das All herrschen.

(THOMAS-EVANGELIUM, LOG.2)

Auf diesem Weg ist es ohne Bedeutung, ob Sie Christ, Moslem, Hindu, Buddhist oder Atheist sind. Das Prinzip, der Code der Schwingung und Resonanz, wirkt immer.

Von Generation zu Generation erfolgt eine Evolution des Geistes, eine Entwicklung zu höherer Spiritualität und zu einer immer höheren Schwingung des Energiefeldes. Sie dürfen darum die bisherige begrenzte Sicht der Welt verabschieden und die Wirklichkeit hinter dem Schein erkennen.

Die Physik lehrt, dass wir mit unseren Augen nur acht Prozent des vorhandenen Spektrums wahrnehmen und dass wir 92 Prozent der Wirklichkeit ignorieren, wenn wir uns nur auf das Sichtbare beschränken. Die Wahrnehmung und Öffnung für die Wirklichkeit hinter dem Schein hilft uns zu dem zu werden, was wir wirklich sind: höchstes Bewusstsein. Und diesem höchsten Bewusstsein ist alles möglich.

Den Code der Schwingung und Resonanz in Aktion zu erkennen, ist ganz einfach. In welcher Schwingung und Resonanz, also in welchem Bewusstsein Sie sich befinden, können Sie unmittelbar durch die »Sprache des Lebens« erfahren. Ihr Körper schickt Ihnen Botschaften durch Symptome und Krankheiten, aber auch durch sein Aussehen: Form und Inhalt sind identisch. Ihr Verhalten und Ihr Charakter spiegeln sich in Ihrem Körper und in Ihrem Gesicht wider. Der Körper kann nicht lügen. Er zeigt wie ein Spiegel nur das, was ist.

»Der Körper ist die Übersetzung der Seele ins Sichtbare.«
CHRISTIAN MORGENSTERN

Dabei gibt es keine guten oder schlechten Zeichen. Es gibt nur sowohl als auch. Deshalb geht es auch nicht darum, zu urteilen oder zu bewerten, sondern nur zu beobachten und wahrzunehmen.

Botschaften des Lebens sind auch Ihre Vorlieben und Ablehnungen. Ihre Hobbys, Ihre Wohnung, Ihre Nachbarn. Eine Frage der Resonanz ist auch, wer in einer Veranstaltung neben Ihnen sitzt, wo Sie sitzen und welches Hotelzimmer Sie zum Beispiel im Urlaub bekommen.

Das Leben spricht ständig zu Ihnen – auf allen Ebenen. Das Leben schickt entweder ein Angebot, eine Chance, eine Möglichkeit, eine Aufforderung, eine Mahnung, eine Erinnerung, einen Schubs, einen Schicksalsschlag. Oder: eine Bestätigung, eine Bestärkung oder Zustimmung. Wir empfangen auf allen Ebenen ständig Botschaften, die uns Hinweise auf unsere Schwingung geben, nehmen diese aber nicht immer wahr, weil wir abgelenkt und zu beschäftigt sind.

Dabei gibt es verschiedene Zeitebenen:

- Ich *bin* unmittelbar im »Einklang« mit dem Leben.
- Ich *denke* und weiß einen Augenblick später, ob es »stimmt« oder nicht.
- Ich *fühle* bald danach, wenn es stimmt. Ich nehme das wahr als Wohlgefühl, Freude und Gesundheit.
- Ich *erlebe* es später energetisch als Energie, Ausdruck, Lebensfreude.
- Ich *erlebe es sichtbar* nach einiger Zeit als Ereignis, Geschehen, Lebensumstand, Begegnung, Vorgang.
- Ich *erinnere* es später als Vergangenheit, als Erinnerung.

Je mehr Sie sich auf das Leben einlassen, je mehr »Tiefgang« Sie im Strom des Lebens haben, desto stärker spüren

106 Der Code der Schwingung und Resonanz

Sie die »Strömung«, desto mehr spüren Sie aber auch, dass Sie getragen werden.

Sie sind eingeladen zum Test über Ihre derzeitige Resonanzfähigkeit:

- Als wer lebe ich?
- Womit identifiziere ich mich?
- Als wer denke, fühle, rede, handle ich?
- Was empfinde ich als zu mir gehörig? Was nicht?
- Welche »inneren Bilder« habe ich?
- Habe ich ein Mangel- oder ein Wohlstandsbewusstsein?
- Wovor habe ich Angst? Und warum?
- Was befürchte ich (zum Beispiel Einsamkeit, Entlassung etc.)?
- Was wünsche ich (zum Beispiel einen Lottogewinn oder eine neue Stelle)?
- Was verlange ich (noch) vom Leben?
- Was weiß/vermute ich, dass es bald geschieht?
- Wie gesund empfinde ich mich?
- Habe ich ein Krankheits- oder ein Gesundheitsbewusstsein?
- Wer oder was »führt« mein Leben? Der Zufall? Mein Verstand? Die »innere Stimme«? Die Intuition?
- Fälle ich Entscheidungen oder »treffe« ich sie?
- Lebe und wirke ich im Erfolgsbewusstsein?
- Empfinde ich mich als Gewinner?
- Wo sehe ich Erfolg als zu mir gehörig? Wo nicht? Warum nicht?

- Wofür habe ich mich in meinem Leben unwiderruflich entschieden?
- Wofür entscheide ich mich *jetzt* unwiderruflich?
- Was bedeutet für mich ein »erfülltes Leben«?
- Wie erreiche ich meine Erfüllung?
- Was bewirke ich *jetzt*, damit ich ein erfülltes Leben lebe?

Ein Geheimnis des Erfolges liegt darin, dass Sie sich resonanzfähig für Erfolg und sich Ihre Ziele bewusst machen. Bei erfolgreichen Menschen herrscht eine erstaunliche Übereinstimmung darüber, was uneingeschränkter Erfolg im Leben ist. Das Wichtigste ist ihrer Meinung nach, einen Traum zu haben, den man zu verwirklichen sucht. Das Glück des Erfolgs wird mehr mit dem Weg zu diesem Ziel in Verbindung gebracht als mit dem kurzen Moment, wo man dieses Ziel erreicht. Wahrer Erfolg ist demnach das klare Ziel nach Verwirklichung eines Ideals, das zum Wohle aller und des großen Ganzen verwirklicht wird und nicht auf deren Kosten.

Hilfreich auf dem Weg zum Erfolg und zu einem erfüllten Leben ist es, sich seine bisherigen Erfolge immer wieder vor Augen zu führen und diese mit Dankbarkeit und Wertschätzung anzuerkennen. Dadurch baut sich eine Gewinnerenergie auf, die vorübergehende Hindernisse als meisterbare Aufgaben betrachtet. Nach dem Code der Schwingung und Resonanz verstärkt sich die Gewinnerenergie und macht Sie empfangsbereit für weitere Erfolge.

Erfolgreiche Menschen sind kreativ und zeichnen sich durch ganz bestimmte Eigenschaften aus. Wie viele der folgenden Eigenschaften treffen auf Sie zu:

108 Der Code der Schwingung und Resonanz

- Ich bin lernfreudig und aufmerksam.
- Ich bin aufgeschlossen und offen für Alternativen.
- Ich bin optimistisch und lebe zukunftsweisend.
- Ich bin im konstruktiven Sinne unzufrieden, das heißt, ich habe eine »hungrige Zufriedenheit«, die mich vorantreibt.
- Ich bin unternehmungslustig und vielseitig interessiert.
- Ich bin bereit und fähig an mir zu arbeiten.
- Ich bin frei und flexibel.
- Ich begeistere gerne Menschen, schenke ihnen Achtung und Wertschätzung und bin gerne bereit, Verantwortung und Führung zu übernehmen.
- Ich bewahre in jeder Situation Gelassenheit und habe ein starkes Selbstbewusstsein (= ich bin mir meiner *selbst* bewusst).
- Ich habe eine analytische und kreative Intelligenz, die Fähigkeit zur Organisation und Zeiteinteilung.
- Ich habe eine starke Motivation für mein Handeln, Begeisterung und Enthusiasmus.
- Ich halte Gedankendisziplin und verfüge über eine gute Gedächtnis- und Konzentrationskraft.
- Ich habe eine starke Ausstrahlung, eine natürliche Autorität, bin authentisch und habe ein positives Image: Ich habe Charisma.
- Ich sehe gesund und gut aus, trage die richtige Kleidung und habe eine wohlklingende Stimme.
- Ich habe Kontaktfähigkeit, Einfühlungsvermögen und eine positive Einstellung zum Leben. Dies zeigt sich in Güte, Geduld, Sympathie und Toleranz.

- Ich bin pünktlich und zuverlässig und verspreche nur, was ich auch halten kann.
- Ich kann gut zuhören und auf andere eingehen, und ich kann mich gut und klar ausdrücken.
- Ich kenne und beachte die geistigen Gesetze und erkenne die Wirklichkeit hinter dem Schein.

Leider leben viele Menschen nicht in einer Erfolgsaura. Durch Unwissenheit verhindern Sie die magnetische Ausrichtung auf Erfolg. Ein sicheres Erfolgsverhinderungsprogramm ist, wenn Sie sich auf eine geistige Abmagerungsdiät begeben, bestehend aus Fernsehen, Boulevardzeitungen, Regenbogenpresse, schockierenden Filmen und banaler Lektüre. Diese geistige Abfallnahrung führt zwangsläufig zu einer geistigen Unterernährung und zu einer schlechten seelischen Gesundheit. Sie dürfen sich immer wieder bewusst machen, dass das, was Sie geistig aufnehmen, in Ihrem Energiefeld als Sender und Empfänger wirkt. Darum ist es so wichtig, dass Sie positive aufbauende Gedanken pflegen und bewusst auswählen, was Sie in Ihr Leben lassen.

Worauf es ankommt, ist die Entwicklung zur Persönlichkeit mit Ausstrahlung. Ein Mensch, der überzeugt ist, überzeugt auch andere. Nur wer begeistert ist, begeistert auch andere. Wer an sich glaubt, an den glauben auch andere.

Das Wort »Persönlichkeit« kommt vom lateinischen »per sonare« (= die Stimme, die durch etwas hindurchtönt). Eine Persönlichkeit, die in ihrem Inneren die richtige Geisteshaltung gefunden hat, trägt diese in ihrer Stimme, in ihrem Gesichtausdruck, in ihrer Körperhaltung und in ihrer gesamten Ausstrahlung nach außen. Erfolg fällt diesem Menschen auf Grund des Codes der Schwingung und Resonanz ganz automatisch zu.

So arbeiten Sie mit dem Code der Resonanz aktiv, indem Sie Ihr Energiefeld, Ihren »Schicksalsempfänger«, bewusst ausrichten:

Erster Schritt: Selbstidentifikation

Sie dürfen in die *Selbst*-Identifikation gehen und sich bewusst machen: »*Ich bin* ein ungetrennter Teil des *einen Seins*, der *einen Kraft*.«

Als Teil der *einen Kraft* ist alles möglich, wird jede Ihrer Handlungen eine heilige Handlung. Heilig sein bedeutet nicht mehr, aber auch nicht weniger, als im Bewusstsein der Einheit mit dem höchsten Bewusstsein aus dieser Einheit heraus zu leben.

Zweiter Schritt: Entscheiden

In diesem Bewusstsein schaffen Sie Zielklarheit, indem Sie eine Entscheidung treffen, was Sie in Ihr Leben einladen möchten.

Dritter Schritt: Aufmerksamkeit

Sie halten die Aufmerksamkeit gerichtet auf den gewünschten Endzustand. Diese geistige Vorstellung ist die Vorgabe, damit die Idee (= Energie) in die Form (= Materie) kommen kann. Die Form folgt der Aufmerksamkeit: Das, was Sie in Ihren Gedanken bewegen, zeigt sich als Realität. Darum nie länger als zwei Sekunden bei etwas Unerwünschtem verweilen.

Vierter Schritt: Optimierung

Sehen Sie sich in Gedanken bereits an Ihrem Ziel, Sie nehmen es geistig in Besitz. Dazu dürfen Sie Ihre energetische Signatur kontinuierlich optimieren. Machen Sie sich bewusst: Sie sind 24 Stunden am Tag ein Sender. Die Qualität Ihrer Gedanken, Gefühle und Worte entscheidet über die Qualität Ihres Lebens.

Fünfter Schritt: Imagination

Setzen Sie Ihre schöpferische Imagination (Vorstellungskraft) ein, und denken Sie vom Ziel aus. Sehen Sie sich selbst, wie Sie Ihr Ziel erreicht haben und glücklich im erfüllten Endzustand sind. Erleben und fühlen Sie alles so lebendig und intensiv wie nur möglich. Das ist Ihre Bestellung. Dadurch wird Ihr Wunsch in eine Absicht transformiert. Ein Wunsch drückt Mangel aus. Eine Absicht dagegen ist die Anweisung an das Leben. In der Absicht ist die Erfüllung enthalten.

Sechster Schritt: Gewissheit

Nun laden Sie sich mit der Energie der Gewissheit der sicheren Erfüllung Ihres Wunsches, der Erreichung Ihres Zieles auf. Empfinden Sie große Freude und tiefe Dankbarkeit über die Erfüllung. Das ist die Auftragsbestätigung für eine erfolgreiche »Bestellung«.

Siebter Schritt: in der Fülle leben

Sie sind nun eingeladen, in das Bewusstsein einzutreten als derjenige, der das Ziel bereits erreicht hat. Sie dürfen in der Fülle leben, die Fülle fühlen, die Fülle spüren, die Fülle *sein*.

Nach dem Energieerhaltungsgesetz kann Energie nicht verloren gehen oder nicht wirken. Das heißt, wenn Sie eine bestimmte Energiemenge auf ein Ziel richten und die Energie reicht aus, um geistig das Ziel zu erreichen, dann *muss* dieses Ziel erreicht werden. Dann *muss* das erwünschte Ergebnis in Erscheinung treten.

Es kann jedoch sein, dass der wirkenden Energie eine andere, entgegengerichtete Energie entgegensteht. Konkret ist das der Fall, wenn in Ihnen sowohl der Wunsch als auch der Zweifel wirken. Dann entscheidet die Energie, die stärker ist – die Wunschverwirklichungskraft oder der Zweifel –, welche sich durchsetzt.

Ist die Wunschverwirklichungskraft stärker, *muss* der Wunsch sich erfüllen. Bleibt jedoch die Zweifelsenergie wirksam, kann sich die Wunschverwirklichungskraft nur so lange durchsetzen, wie Sie sie aufrechterhalten. Worum es also geht, ist, dass es Ihnen gelingt, in der festen Gewissheit des erfüllten Wunsches (= im erfüllten Endzustand) gelassen und sicher zu ruhen.

Wenn Sie mit dem Code der Resonanz arbeiten, um erfolgreich zu manifestieren, gehen Sie immer zuerst den mentalen Weg, bevor Sie im Außen den ersten Schritt tun. Mit den geistigen Vorbereitungen schaffen Sie die Voraussetzung für den Erfolg: »Erst gewinnen, dann beginnen!« Schöpfen ist dann vollkommen mühelos.

Meditation zum Code der Schwingung und Resonanz

Zur Verinnerlichung des Kapitels »Der Code der Schwingung und Resonanz« sind Sie eingeladen zu einer Psycho-Visions-Meditation. Diese eröffnet Ihnen eine innere Schau der Wirklichkeit, das intuitive Erleben der »göttlichen Idee« Ihres Selbst und Ihrer Resonanzkraft.

Sie können die Meditation zunächst ganz durchlesen und anschließend mit geschlossenen Augen selbst nachvollziehen. Oder Sie sprechen die Meditation auf ein Diktiergerät und hören sich Ihre Aufzeichnung dann im entspannten Zustand an. Eine weitere Möglichkeit ist, dass Sie Ihren Partner oder einen guten Freund bitten, Ihnen die Meditation vorzulesen, während Sie sie Schritt für Schritt nachvollziehen.

Machen Sie es sich nun einmal ganz bequem. Entspannen Sie Ihren Körper, atmen Sie einige Male ganz tief ein und aus, und lassen Sie den Alltag hinter sich.

In dieser Stille betrachte ich mich nun einmal ganz bewusst. Ich erkenne mich als ein Puzzle mit bestimmten Eigenschaften, Fähigkeiten und Möglichkeiten. Ich erkenne, wo dieses Puzzleteil in der Schöpfung hingehört. Ich erkenne meinen Platz in der Schöpfung und was dort zu tun ist. So, wie ich von der Schöpfung »gemeint« bin.

Ich erkenne die Einmaligkeit meines »SoSEINS«. Dieses »So-SEIN« verwirkliche ich mit Hilfe der »schöpferischen Urkraft«, der EINEN KRAFT, die in allem ist. Auch in mir.

Ich erkenne, was JETZT zu tun ist.

Wieweit habe ich in der Vergangenheit »gestimmt«?

Was darf ich jetzt tun, damit es stimmt?

Was erwartet die Schöpfung in Zukunft von mir?

Ich erkenne meinen Seins-Auftrag und erfülle ihn.

Das ist mein Weg, um Erfüllung zu erlangen.

Ich erkenne diese Vision ganz deutlich und erlebe Sie intensiv mit meinen ganzen Gefühlen.

Ich lenke ganz bewusst die EINE KRAFT in die Verwirklichung dieser Vision.

Ich lasse die EINE KRAFT fließen, und es geschieht.

Ich nehme diese Vision mit jeder Zelle meines Körpers auf.

Ich weiß, dass meine Lebensumstände durch diese Vision Gestalt annehmen und als Umstände in Erscheinung treten.

Ich erkenne mich SELBST als Teil der EINEN KRAFT.

Ich erkenne mich als Teil des Ganzen.

ICH BIN eins mit dem Ganzen.

Und dafür bin ich dankbar.

Impulse zur praktischen Umsetzung

Die Außenwelt ist ein idealer Spiegel und reflektiert Ihren eigenen Grad der Wertschätzung Ihrer Person, aber auch anderer Menschen. Das, was Sie in Ihr Leben ziehen, ist eine Wirkung des Codes der Schwingung und Resonanz. Sie selbst sind die Ursache für die Wirkung, die Ihnen täglich in Form von Menschen, Ereignissen, »Zufällen« begegnet.

Sie sind eingeladen, ganz bewusst die richtigen Ursachen zu setzen.

Praktizieren Sie heute ganz bewusst Wertschätzung, indem Sie jedem Menschen, dem Sie heute begegnen, ein persönliches Geschenk der Wertschätzung übermitteln. Sie haben die Wahl, was Sie geben:

- Ein freudiges und ansteckendes Lächeln
- Einen gesunden Humor
- Eine selbst gepflückte Blume
- Ein herzliches Dankeschön
- Ein liebes Wort zur richtigen Zeit
- Aktives Zuhören für Mut und Zuversicht
- Ein Geschenk der Freude
- Eine aufbauende Buchempfehlung
- Gemeinsam lachen
- Gemeinsam schweigen, indem ohne Worte alles gesagt ist.

Nehmen Sie wahr, was beim anderen und bei Ihnen selbst passiert. Und schauen Sie, was nach so einer Begegnung im Geist der Wertschätzung in Ihrem Inneren, in Ihren Gefühlen, passiert. Sie dürfen sich auch überraschen lassen, was durch Ihr Energiefeld, das erfüllt ist von Wertschätzung, an diesem heutigen Tag an Schönem geschieht.

Anregung: Wenn Ihnen diese Übung gefällt, kann ab sofort jeder Tag »heute« sein, und damit eröffnen sich unendliche Chancen, jedem, dem Sie begegnen, Ihre Wertschätzung zu zeigen.

Der Code der Schwingung und Resonanz auf einen Blick

- Sie selbst sind ein riesiges Energiefeld, ein Sender, der permanent Impulse – Schwingungen – abstrahlt. Das, was damit in Resonanz steht, wird angezogen und tritt als Personen, Ereignisse und Begegnungen in Ihr Leben.
- Sie können bewusst bestimmte erwünschte Ereignisse und Umstände in Ihr Leben ziehen durch Identifikation mit dem erwünschten Endzustand Ihres Zieles. Sie machen sich so resonanzfähig. So wird aus einer Möglichkeit der Zukunft eine Realität der Gegenwart.
- Die Wahrnehmung und Öffnung für die Wirklichkeit hinter dem Schein hilft uns, zu dem zu werden, was wir wirklich sind: höchstes Bewusstsein.
- In welcher Schwingung und Resonanz, also in welchem Bewusstsein Sie sich befinden, können Sie unmittelbar durch die »Sprache des Lebens« erfahren.
- Ein Geheimnis des Erfolges liegt darin, dass Sie sich resonanzfähig für Erfolg machen.
- Pflegen Sie aufbauende Gedanken, und wählen Sie bewusst aus, was Sie in Ihr Leben einladen. Die Qualität Ihrer Gedanken entscheidet über die Qualität Ihres Lebens.
- Entwickeln Sie sich von einer Person zu einer Persönlichkeit mit Charisma.
- Mit den geistigen Vorbereitungen schaffen Sie die Voraussetzung für Erfolg in Ihrem Leben: »Erst gewinnen, dann beginnen!«

Was im Ton übereinstimmt,
schwingt miteinander.
Was wahlverwandt ist im innersten Wesen,
das sucht einander.

I GING

5. Der Code der Heilung

Krankheit ist kein lästiges Übel oder etwas von Gott Gegebenes, das man ertragen muss bis zum bitteren Ende. Krankheit ist vielmehr ein Segen, und Heilung ist die Aufgabe.

Wir nennen diese Welt Kosmos. Dieses griechische Wort bedeutet Ordnung. Wir alle sind eingebettet und durchdrungen von dieser Ordnung. Wir sind ein Teil dieser Ordnung, und auch wir sind in Ordnung. Von unserem wahren Wesen her leben wir im Einklang mit der Schöpfung. Diesen Einklang mit der Schöpfung erleben wir als Wohlgefühl, Lebensfreude, Vitalität und Gesundheit. Wenn wir diese Ordnung stören, bekommen wir vom Leben eine Botschaft. Der wichtigste Botschafter des Lebens ist unser Körper. Die Störung der natürlichen Ordnung erleben wir als Krankheit und Leid.

Der Code der Heilung zeigt uns die Wunderkraft der Wertschätzung auf. Je genauer wir die Botschaft, die Sprache unseres Körpers entschlüsseln können, desto schneller heilen wir. Immerwährende Gesundheit ist so kein unerreichbarer Traum, sondern erlebbare Realität.

Je mehr Sie Ihren Körper wertschätzen, ihn lieben und ehren als Tempel, in dem Ihre Seele gerne wohnt, desto mehr sprudelt Ihre natürliche Energiequelle. Vitalität und Wohlbefinden sind die Folge.

Alle Bewusstseinsinhalte haben ihre Entsprechung im Körper und umgekehrt, und letztlich ist alles ein Symptom. Was Sie spüren, ist nicht die Krankheit, sondern ein bestimmtes Symptom – eine Entsprechung, eine Konsequenz eines bestimmten Verhaltens. Wenn jedes Symptom aber eine Botschaft ist, dann liegt darin die liebevolle Einladung, diese Botschaft anzuschauen und mit dieser Nachricht etwas Sinnvolles anzufangen.

Das Wort Nachricht beinhaltet einen wertvollen Schlüssel. Nachricht = sich nach etwas richten. Wenn Sie die Nachricht, die Information, die in dem Symptom verborgen ist, verstanden haben und sich danach richten, das heißt Ihr Leben entsprechend (neu) ausrichten, dann brauchen Sie die Krankheit, den Schmerz, das Leid und das Symptom nicht mehr. Um was es geht, ist, dass Sie sich mit dem tieferen Sinn der Krankheit auseinandersetzen dürfen.

Ihr Körper, der wunderbare Botschafter des Lebens, sagt Ihnen nicht nur, *wo* Sie sich nicht lebensgerecht verhalten. Er zeigt Ihnen stets auch ganz genau, *was* zu tun ist, um wieder ganz in Harmonie mit dem Leben zu sein. Der Körper schickt ständig Botschaften, und er kann nicht lügen. Ihr Körper spiegelt den Inhalt Ihres Bewusstseins wider und lässt so etwas für Sie ansonsten Unsichtbares sichtbar werden. Aus diesem Zusammenhang erkennen Sie, dass Krankheit und Schicksalsschläge nicht plötzlich über den Menschen hereinbrechen, sondern erst, wenn er die kleineren Warnungen seines Körpers nicht beachtet.

Könnte der Mensch nicht mehr erkranken, wäre dies die

denkbar schwerste Krankheit, weil er dann ohne Information über sein falsches Tun wäre und keine Chance hätte, eine Änderung herbeizuführen.

Die meisten Menschen haben noch nicht gelernt, ein Leben wirklich zu »führen«, und so bekommen sie ständig Botschaften vom Leben, die sie Krankheiten, Schicksalsschläge und Leid nennen. Wenn Sie dahinter schauen, erkennen Sie als Ursache für das alles die »*Selbst*-Vergessenheit«.

Wenn Sie eine Botschaft Ihres *Selbst* nicht beachten, schickt er Ihnen den Schmerz, damit Sie die Botschaft (endlich) beachten. Wenn Sie die Botschaft nicht befolgen, schickt er Leid und letztlich den Tod. Jedes Mal, wenn Sie Schmerzen empfinden, haben Sie eine Botschaft übersehen.

Alles ist eine Botschaft: Ihr Aussehen, jede Geste, Ihr Verhalten und natürlich jedes Symptom. Sie sehen so aus und verhalten sich so, weil es Ihrem So-*sein*, Ihren vorherrschenden Gedanken und Gefühlen entspricht. Jeder ist für sein Aussehen, sein Verhalten und seine Gesundheit selbst verantwortlich. Im »Tagebuch Ihres Körpers« steht Ihre Lebensgeschichte.

Ob Sie den Code der Heilung kennen und Ihren Körper wertschätzen, lässt sich am Status Ihrer Lebenskraft und Gesundheit ablesen. Die Lebenskraft und der Gesundheitszustand eines Menschen prägen sich deutlich im Gesicht aus und zeigen sich auch als (vorzeitige) Altersspuren:

- Die Wangenknochen zeigen die Widerstandskraft und Belastbarkeit eines Menschen an. Je ausgeprägter und hervorstehender sie sind, desto belastbarer ist der Mensch.

- Die Fülle der Ohrläppchen zeigt die Drüsenfunktion.
- Das Haar zeigt die Lebens- und Nervenkraft.
- Das obere Augenlid und der eventuell eingefallene Bereich zwischen dem Augenlid und dem Augenwulst zeigen, ob die Batterie der Nervenkraft gefüllt oder erschöpft ist.
- Das untere Augenlid zeigt den Stand der Lebenskraft.
- Das Kinn zeigt die Willenskraft und physische Belastbarkeit an.
- Starke Sexualenergie erkennt man am vollen unteren Augenlid und am kräftigen Nacken. Das sexuelle Bedürfnis an der vollen Unterlippe und am Blick.
- Dichte Augenbrauen zeigen die Konzentration der Lebenskräfte.
- Der Daumenberg zeigt die Vitalkraft an.
- Die Schläfen sind der Reserveanzeiger der Lebensbatterie. Wenn sie eingefallen sind, laufen Sie bereits auf Reserve.
- Die Wangen zeigen die Fülle der Herzkraft.
- Die Haut spiegelt die vorhandene oder fehlende Strahlung der Lebenskraft.
- Die Breite über den Ohren zeigt die geistige Belastbarkeit an.
- Ein gesunder Mensch sollte also haben: sichtbare Jochbeine und volle Wangen, volles glänzendes Haar, volle Augenlider und ein ausgeprägtes Kinn, dichte Augenbrauen, volle Schläfen, einen kräftigen Nacken, genügend Kopfbreite über den Ohren und eine gute Hautfarbe.

Sie möchten mehr Lebenskraft und Gesundheit in Ihrem Leben verwirklichen? Dieser Traum geht in Erfüllung, wenn Sie die Botschaft Ihres Körpers und Signale von Krankheit verstehen lernen. Die Botschaft besteht immer aus drei Teilen:

- Dem Ort der Erkrankung
- Der Art der Erkrankung
- Dem Zeitpunkt der Erkrankung

Eine Krankheit ist keine Strafe oder Verurteilung, sondern immer eine Chance. Ergreifen Sie die Chance nicht, weil Sie die Botschaft vielleicht gar nicht erkennen können oder wollen, zwingen Sie das Schicksal, eine Wiederholung in entsprechend deutlicher Form vorzunehmen.

Krankheit ist oft Ausdruck einer unehrlichen Lebenssituation und das Festhalten an einer Lebenslüge. Durch Leidensdruck möchte sie den Kranken veranlassen, ehrlicher zu werden. Über das Energiesystem Ihres Körpers ist die Krankheit ein Ausdruck Ihrer tiefsten Sehnsucht: Sie sind krank, weil Sie dieser Sehnsucht nicht folgen. Darum dürfen Sie sich fragen: Was möchten Sie in Ihrem Leben am allerliebsten tun – mehr als irgendetwas anderes in der Welt? Stellen Sie fest, wie und warum Sie sich davon abhalten. Die Aufgabe ist, diese Blockierung zur Seite zu räumen. Wenn Sie das tun und leben, was Ihrer tiefsten inneren Sehnsucht entspricht, also was Sie wirklich von Herzen gerne tun wollen, dann können Sie gesund werden und bleiben.

Krankheit ist darum nicht immer ein Zeichen von Disharmonie. Sie ist ein Freund, der Ihnen hilft, Ihr wahres Wesen und die nächste Phase Ihrer Entwicklung zu erkunden. Krankheit kann so ein Anlass sein, einen Schritt in die Zukunft zu tun – eine neue Entwicklung, die ohne diese Krankheit nicht stattgefunden hätte.

Vielleicht kam die Krankheit auch als Erfahrung der Seele zu Ihnen, denn zur Vollkommenheit gehört, dass Sie viele Erfahrungen gemacht haben, nicht nur die angenehmen. So hilft Ihnen diese scheinbare Unvollkommenheit in Wirklichkeit, vollkommener zu werden.

Krankheit kann also die Wirkung von etwas sein, zum Beispiel einer Disharmonie im Bewusstsein. Krankheit kann aber auch der Weg zu etwas sein, zum Beispiel zu Ihnen *selbst*. So erkennen Sie, dass Krankheit lediglich etwas für Sie tut, was Sie zu tun unterlassen haben.

Die meisten Menschen erkennen Krankheit nicht als liebevollen Hinweis des Körpers auf eine Störung im Bewusstsein, sondern sehen sie als Schicksalsschlag, als Laune der Natur oder als Zufall, der den einen trifft und den anderen ebenso zufällig verschont. Das Schicksal oder auch der Zufall sind nichts Beliebiges, sondern gehorchen dem Gesetz von Ursache und Wirkung. Zufall ist das, was Ihnen zufällt auf Grund Ihres So-*seins*. Schicksal ist nicht etwas, das Sie zufällig trifft, sondern ein Geschenk, das Ihnen zur Gesundheit verhelfen möchte. Das zeigen die Silben »schick« und »sal« (= das Heil), aus denen das Wort Schicksal besteht. Das Schicksal ist der beste Therapeut. Es heilt letztlich jeden – entweder auf dem königlichen Weg der Erkenntnis oder auf dem üblichen Weg durch Krankheit und Leid. Dem

Schicksal ist es auch ganz gleich, ob Sie etwas bewusst oder unbewusst tun. In jedem Fall tragen Sie die Folgen der Ursachen, die Sie gesetzt haben.

Würde man eine Statistik über die Qualität unseres Denkens erheben, so würde man sehen, dass ein Großteil unserer Gedanken negativ ist. Negative Ursachen können aber auch nur negative Folgen haben.

Ihr, die Ihr leidet, wisset, Ihr leidet durch Euch selbst.
Niemand zwingt Euch dazu, dass Ihr leidet, und auch
Befreiung kommt nur durch Euch selbst.

BUDDHA

Wenn man in die Welt schaut, sieht man Unrecht, Krankheit und Leid. Das ist so offensichtlich, dass es keiner mehr in Frage stellt. Erkennt man aber die »Wirklichkeit hinter dem Schein«, sieht man die absolute Gerechtigkeit von Krankheit und Leid als Botschaft und natürliche Folge des Missbrauchs der schöpferischen Energie des Menschen. Durch sein Bewusstsein, durch die Qualität seiner Gedanken, Worte und Taten setzt jeder in jedem Augenblick Ursachen, deren Wirkung er zu spüren bekommt.

Unser Leben ist das, wozu unser Denken es macht.

MARC AUREL

Jeder hat sein Schicksal zu tragen – mehr oder weniger geduldig. Es lohnt sich, dass Sie fragen, warum Sie gerade unter *diesen* Umständen leben und warum Sie gerade *diese* Krankheit bekommen haben. Es geht darum, zu erkennen, was all dies verursacht hat und wie eine Änderung erfolgen kann.

Sobald Sie das tun, erkennen Sie, dass Ihr Schicksal in Ihrer Hand liegt. Sie haben die Möglichkeit, es in *jedem Augenblick* zu ändern. Diese Änderung geschieht nicht im Außen, sondern in Ihrem Inneren. Das Schicksal kann nur dort geändert werden, wo es geschaffen wird: in *Ihrem* Bewusstsein. Die Umstände, die Zufälle, die Krankheiten zeigen Ihnen wie ein Spiegel Ihr Bewusstsein.

Der Mensch ist ein geistiges Wesen – frei von Geburt, Krankheit, Alter und Tod. Unser sichtbares Geborenwerden, Krankwerden, Älterwerden und letztlich Sterben betrifft nur unseren Körper, aber nicht unser wahres *Selbst*. Der Bewohner des Körpers ist ein individualisierter Teil des *einen* Bewusstseins, der *einen Kraft*, und damit unsterblich. Aber es ist unsere Pflicht, den Körper in einem guten Zustand zu halten, bis wir auch unsere »geistige Geburt« vollendet haben.

Unser Schöpfungsauftrag lautet, gesund und glücklich in der Fülle zu leben und jung zu bleiben, auch wenn wir alt werden. Dazu dürfen wir unser Denken, Fühlen, Reden und Handeln in Einklang bringen mit der Schöpfung.

Mensch, was Du denkst,
in das wirst Du verwandelt werden.
Gott wirst Du, denkst Du Gott;
Und Erde, denkst Du Erden.

ANGELUS SILESIUS

Der Körper ist immer eine Wirkung, niemals eine Ursache. Auch die sogenannten Alterskrankheiten sind nur Informationen über ungelöste Aufgaben. Immer wieder habe ich es in meiner Naturheilpraxis erlebt, dass Menschen, die ein Leben lang krank waren, im Alter plötzlich frei von Krankheiten sind, ja geradezu aufblühen. Krankheit und Leid sind nur die Folgen der Freiheit, wie wir mit unserem Bewusstsein und mit unserem Körper umgehen.

Wenn Sie Ihren Körper nicht wertschätzen, ihn lieblos behandeln und auch mit Ihren Gedanken, Worten und Taten »bewusstlos« (= ohne Bewusstsein) umgehen, kann es sein, dass Ihre Seele den Körper verlässt. Dies tut sie, wenn der Körper nicht mehr länger ein gebrauchsfähiges Instrument ist.

Viele Menschen fragen sich, wie ein Gott der Liebe das Leid überhaupt zulassen kann. Sie übersehen dabei, dass Leid weder gottgewollt noch gottgefällig ist. Doch anstatt die Ordnung zu erkennen, glauben sie an Zufall oder Pech. Die wahre Ursache von Krankheit und Leid ist stets das Denken beziehungsweise das falsche Denken.

So haben Sie es selbst in der Hand, den Code der Heilung zu entschlüsseln und anzuwenden. Der erste Schritt zur Gesundheit besteht darin, dass Sie die Botschaft Ihres Körpers erkennen, dankbar annehmen und dann in Ihrem Bewusstsein den entsprechenden Wandel vollziehen und im Alltag die entsprechenden Schritte für ein gesundes Leben vollziehen.

Wenn wir nach Innen das unsrige getan haben,
wird sich das Nachaußen von selbst ergeben.«
JOHANN WOLFGANG VON GOETHE

Die Reaktion der meisten Menschen auf Erkrankungen ist aber, die Botschaft, die Information über das falsche Verhalten, zu ignorieren und genauso weiterzumachen. Die Folge ist, dass eine Verschärfung des Krankheitsverlaufes oder erneute Krankheiten dazu auffordern, (endlich) das Richtige zu tun. Der Krankheitsverlauf zeigt dabei genau den Lernfortschritt in Ihrem Bewusstsein auf. Die Heilung ist ein Indikator dafür, dass der Lernprozess abgeschlossen ist. Ist dies nicht der Fall, kann Heilung erst dann erfolgen, wenn Sie bereit sind, das »Not-wendige« (= das, was die Not wendet) zu tun.

Krankheit tritt auf allen Ebenen in Erscheinung. Wir sprechen gerne von psychosomatischen Erkrankungen, so als ob es möglich wäre, dass nur die Psyche oder nur der Körper erkrankt. Immer sind jedoch beide betroffen, denn der Körper und die Psyche bilden eine Einheit.

Der Körper ist der sichtbare Ausdruck des Bewusstseins: Wir weinen, wenn wir traurig sind. Wir werden rot, wenn wir verlegen sind oder zornig. Wir bekommen Gänsehaut bei einer erregenden Tätigkeit. Und alleine die Vorstellung einer anstrengenden Tätigkeit lässt den Blutdruck steigen. Eine schlechte Nachricht schlägt uns auf den Magen, eine andere geht uns an die Nieren. Ärger drückt auf die Galle, Freude lässt das Herz schneller schlagen. Jedes Gefühl, das die Psyche bewegt, findet seinen Ausdruck im Körper.

Ein entscheidendes Prinzip der Medizin lautet: »*Ein gesunder Mensch wird nicht krank*.« Warum sind Sie nicht gesund? Was ist die verborgene Ursache Ihrer Krankheit? Mit Gesundheit meine ich nicht nur Leistungsfähigkeit und Wohlgefühl, sondern den harmonischen, geistigen und psychischen Zustand, der zu Gelassenheit und einem klaren Bewusstsein führt, aus dem vollkommene Gesundheit entsteht.

Zum Code der Heilung gehört auch die kritische Selbsterkenntnis, was Ihre Gesundheit und Ihre Krankheit für Sie bedeuten, ob es eventuell einen Krankheitsgewinn gibt oder eine Genesung gravierende Veränderungen in Ihrem Leben bedeuten würde.

Sie dürfen nun ganz spontan, ohne zu überlegen, die folgenden Sätze ergänzen. Finden Sie jeweils drei Gründe/ Antworten:

Ich kann gesund werden, weil . . . .
Ich kann gesund werden, weil . . . .
Ich kann gesund werden, weil . . . .

Wenn ich nicht mehr krank wäre, dann . . . .
Wenn ich nicht mehr krank wäre, dann . . . .
Wenn ich nicht mehr krank wäre, dann . . . .

Wenn ich gesund bin, dann . . . .
Wenn ich gesund bin, dann . . . .
Wenn ich gesund bin, dann . . . .

Wenn ich gesund wäre, dann könnte ich . . . .
Wenn ich gesund wäre, dann könnte ich . . . .
Wenn ich gesund wäre, dann könnte ich . . . .

Meine Krankheit hat den Vorteil . . . .
Meine Krankheit hat den Vorteil . . . .
Meine Krankheit hat den Vorteil . . . .

Gibt es andere Gründe, krank zu sein, beziehungsweise
krank zu bleiben? Welche Hindernisse haben Sie erkannt,
gesund zu werden? Welche Konsequenzen ergeben sich daraus? Trauen Sie sich zu, eine Änderung herbeizuführen?
Wenn nein, was oder wer könnte helfen?

Der Code der Heilung führt über die Sprache der Symptome:

Erster Schritt
Voraussetzung zur Heilung ist die Bereitschaft, sich mit Ihrer Krankheit zu konfrontieren und die eigentliche Ursache zu erkennen. Vorher kann eine Behandlung zu Symp-

tomfreiheit, nicht aber zur Heilung führen. Darum sind die nächsten Schritte und die ehrliche Antwort auf die folgenden Fragen wichtig.

Zweiter Schritt
Das Wissen, dass jede Krankheit eine Botschaft ist. Welches Organ, welcher Körperteil ist betroffen? Welche physische Funktion hat es/er? Welcher Funktion entspricht das auf Seelenebene?

Dritter Schritt
Erkennen Sie die individuelle Botschaft Ihrer Erkrankung. Welche Symptome treten in Erscheinung? Schreiben Sie einmal das körperliche Geschehen ganz naiv, aber ausführlich auf, und prüfen Sie dann sorgfältig, welche Hinweise bereits in Ihren Redewendungen enthalten sind. In der richtigen Formulierung steckt meist auch schon die »Information« über die wahre Ursache. Es kann sein, dass Ihnen was zum Hals raushängt, Sie die Nase voll haben, zu Kreuze kriechen müssen oder sich etwas zu Herzen nehmen. In diesen Krankheitsbildern, die der Volksmund sehr treffend beschreibt, ist die Übersetzung bereits enthalten. Die Weisheit der Sprache bezeichnet sehr genau die hinter einem Symptom stehende geistige Haltung.

Vierter Schritt
Die persönliche Botschaft Ihrer Krankheit annehmen und als für sich verbindlich anzuerkennen. Wann trat die Erkrankung das erste Mal auf? Wenn Sie sich auf den genauen Zeit-

punkt besinnen, können Sie den Zusammenhang mit wesentlichen Veränderungen Ihrer Lebenssituation oder Ihren Gefühlen erkennen. Das geistige Gesetz lautet: Wie innen, so außen.

Fünfter Schritt
Die Konsequenz aus Ihrer persönlichen Botschaft zu erkennen und zu befolgen. Und zu dieser Konsequenz gehört ein neues Verhalten und veränderte Gewohnheiten zu schaffen und in Ihrem Sein zu integrieren.

Sie fragen sich, was bei diesem Symptom auf der körperlichen Ebene hilft? Was entspricht dem geistig? Was hilft bei diesem Symptom geistig? Was entspricht dem körperlich oder materiell? Wenn Sie diesen fünften Schritt so umsetzen, eröffnet sich die Chance, *einen Bereich* vorläufig oder endgültig zu heilen, je nachdem, ob Sie das neue Verhalten beibehalten oder doch wieder in alte Gewohnheiten zurückfallen. Die vollkommene Heilung vollzieht sich durch weitere Schritte.

Sechster Schritt
Das »Ego-Bewusstsein« als Ursache aller Krankheit zu erkennen. Denn das Ego, die »Illusion« des Ichs, ist Trennung von der Ganzheit, von Ihrer wahren Natur. Diese fehlende Ganzheit tritt immer wieder über den Körper als Krankheit in Erscheinung. Sie dürfen sich darum auf den Erkenntnisweg machen: Wozu zwingt Sie das Symptom? Was ist zu tun? Was sollten Sie lassen? Welche Konsequenzen ergeben sich daraus? Lassen Sie sich nicht ablenken vom »Aus-

löser« der Krankheit – Bakterien, Viren, genetisches Erbe, Unfall –, sondern erkennen Sie die geistig-seelische Ursache, die »Wirklichkeit hinter dem Schein«.

Siebter Schritt
Welche Charakterschwächen haben Sie? Wie äußern sich diese bei Ihnen körperlich?

Achter Schritt
Welche körperlichen Schwächen haben Sie? Wie äußern sich diese bei Ihnen charakterlich?

Neunter Schritt
Was ist Ihr Problemorgan? Welcher Körperteil ist betroffen? Welche Körperseite ist betroffen? Welche Aussage ist darin beinhaltet?

Zehnter Schritt
Welche Symptomkombinationen treten bei Ihnen auf? Was bedeutet das geistig? Welche Konsequenzen ergeben sich daraus?

Elfter Schritt
Welche Heilungshindernisse sind bei Ihnen vorhanden? Wie können Sie diese auflösen, beziehungsweise beseitigen?

Zwölfter Schritt
Haben Sie die Botschaft erkannt und verstanden? Was besagt sie? Was bedeutet das für Sie? Was heißt das *jetzt*? Was

heißt das zur Lösung Ihrer derzeitigen Aufgabe? Zum Beispiel um Ihren Weg besser erkennen und leichter gehen zu können? Welche multi-dimensionale Aussage ist darin enthalten? Welche Konsequenzen ergeben sich daraus für Sie? Nehmen Sie diese an? Was ändert sich dadurch in Ihrem Leben? Ab wann ändert sich etwas in Ihrem Leben? Das Ziel ist, die Illusion des Ichs und die Trennung von der Ganzheit zu beenden durch »Selbst-Identifikation«. Das bedeutet, sich zu identifizieren mit der *einen Kraft*, zu leben im Ein-Klang mit sich Selbst und der Schöpfung. Dann sind Sie endgültig und vollkommen geheilt. Krankheit, die die Funktion eines Lehrers auf dem Weg hat, wird dann nicht mehr gebraucht und verschwindet – Sie sind am Ziel.

Wenn Sie so vorgehen und sich die Fragen ehrlich beantworten und die Botschaften auch wirklich befolgen, dann wird aus einem Symptom nie eine chronische Krankheit.

Zur Erinnerung: Die Ursache für jedes Symptom liegt immer im Bewusstsein, in Ihren Gedanken. Die »Auslöser« (= das, was im Außen in Erscheinung tritt, damit Sie eine Lösung, die Er-Lösung finden) sind Bakterien, Viren, das genetische Erbe, ein Unfall, ein Zufall etc.

Kennen Sie das »Hunza-Geheimnis« für immerwährende Gesundheit? Die Hunza sind ein Volk, das ein kleines Königreich im Himalaya bewohnt. Bis vor wenigen Jahren waren sie nahezu komplett von der Außenwelt abgeschnitten. Neben einer besonderen Form der Ernährung, die gekennzeichnet ist durch eine karge Kost mit vegetarischem Schwerpunkt, mineralstoffreichem Gletscherwasser und natürlichen, vegetationsbedingten Fastenzeiten, spielt das Bewusstsein eine große Rolle.

Die Hunza leben in ständiger Harmonie und bleiben auch bei der Arbeit vollkommen entspannt. Je größer die Belastung, zum Beispiel beim Tragen schwerer Lasten, desto größer ist ihre Entspannung. Das Ergebnis ist ein ständiges »Gleichgewicht der Kräfte« und damit Harmonie: Ruhen im Tun. Es ist ein Leben in ständiger Meditation.

Diese Belastungs-Entspannungsharmonie bewirkt, dass alles Tun in einem Bewusstsein der Ruhe und Stille geschieht. »Je mehr ich tue, desto größer die Ruhe«, so könnte ein Leitspruch lauten. In einem solchen Bewusstsein ist Stress völlig unmöglich. Da so das Bewusstsein ständig in Harmonie, also »heil« ist, überträgt es seine Harmonie, sein Heilsein ständig auf den Körper. Man kann sagen, es geschieht ständig Heilung im Körper. Dadurch kann eine Krankheit gar nicht erst aufkommen, braucht also auch nicht geheilt zu werden, weil ja Heilung ständig geschieht.

Diese Haltung der Hunza lässt sich ohne Weiteres auf unsere westliche Lebensweise übertragen. Dazu sind drei Schritte erforderlich:

- Lernen Sie, Heilung »geschehen zu lassen«.
- Ruhen Sie im Tun. Jede Tätigkeit vertieft Ihre innere Ruhe. Je mehr Sie tun, desto ruhiger werden Sie.
- Sie dürfen ständig in dieser Harmonie bleiben und sich ausruhen im Tun. Dadurch lassen Sie ständig Heilung geschehen.

Die Hunza leben auch in dem Bewusstsein, ständig an die *eine Kraft* angeschlossen zu sein. In dieser Gewissheit erleben sie, dass Heilung ständig geschieht. Sie können es den Hunza gleich tun. Dazu wenden Sie die Technik der Imagination (= bildhafte Vorstellung) an. Stellen Sie sich einen Schalter in Ihrem Nacken vor, mit dem Sie ganz bewusst die Lebenskraft anstellen können. Mehrmals täglich drücken Sie nun diesen Schalter und stellen die Lebenskraft gezielt an.

In meiner Naturheilpraxis habe ich bald erkannt, dass jede Therapie, die nur die äußeren Symptome behandelt, die Menschen nur noch kranker statt gesünder macht. Bald bricht die unterdrückte Krankheit wieder hervor, meist heftiger oder wird von einer noch schwereren Krankheit abgelöst. Dabei gehen die Lebensfreude und der Glaube an den Sinn des Lebens verloren.

Heilung ist die Herstellung und Bewahrung vollkommener Gesundheit auf allen Ebenen des Seins. Wirkliche Gesundheit ist mehr als das Nichtvorhandensein von Krankheit. Gesundheit ist das Vorhandensein von Lebendigkeit, Energie und Lebensfreude. Es geht also nicht nur um die Heilung des Körpers, sondern um eine ganzheitliche Heilung von Körper, Geist und Seele.

In dem Moment, wo Dein Wesen berührt wird,
ist die Heilung schon geschehen.

SUFISPRUCH

Im weitesten Sinne ist jeder Mensch so lange krank, bis er heil (im Sinne von »heilig«) geworden ist. Die individuellen Krankheiten, die er auf diesem Weg durchmacht, sind dabei Entwicklungsreize, die deutliche Botschaften in sich tragen zur Erkenntnis, was als Nächstes auf dem Weg des »Heil-Werdens« zu tun ist. Jeder erfolgreiche Schritt ist dabei ein Zuwachs an Bewusstheit. Das zeigt, dass das Heilwerden mit Bewusstwerden zu tun hat.

Je bewusster, desto heiler. Was letztlich zur Heilung führt, ist die Diagnose. Dia-gnosis, kommt aus dem Griechischen und bedeutet einen Durchblick, der Einsicht vermittelt in die Bedeutung der Krankheit für den Kranken. Hat der Patient die ihm so vermittelte Information verstanden und verinnerlicht, dann hat das Leiden seinen Sinn erfüllt – es ist überflüssig geworden. Krankheit wird so zum Stimulus für tiefere Heilung.

»Was fehlt mir eigentlich?« bedeutet übersetzt: »Was fehlt mir zum wahren Heilwerden?« Das, was fehlt, ist eine bestimmte heilende Erkenntnis. Findet der Kranke sich selbst, so wird er heil(ig) im Sinne der Inschrift des Tempels zu Delphi: *Erkenne dich selbst, dann erkennst du Gott.*

Die Beantwortung der folgenden Fragen zeigt Ihnen auf, wo Ihnen etwas fehlt. Ihre ehrlichen Antworten geben Hinweise, was zu tun ist, damit Sie wieder »ganz in Ordnung« sind:

- Was fehlt Ihnen gerade jetzt?
- Welche Beschwerden hatten Sie früher (schon einmal)?
- Was ist Ihr größtes Problem?

- Was war Ihre größte Enttäuschung?
- Was war Ihr negativstes Erlebnis?
- Haben oder hatten Sie Schuldgefühle?
- Wer oder was stört Sie am meisten?
- Warum stört es Sie so sehr? Können Sie es ändern? Können Sie Ihre Einstellung dazu ändern?
- Haben oder hatten Sie Angst?
- Wovor haben/hatten Sie Angst? Ist diese Angst aufgelöst? Ist sie begründet?
- Wen oder was lieben Sie am meisten?
- Warum lieben Sie es so? Wollen Sie haben oder geben? Erfreut oder belastet Sie diese Liebe?
- Was ist oder war Ihr größter Wunsch?
- Warum haben oder hatten Sie diesen Wunsch? Können Sie diesen Wunsch verwirklichen? Was fehlt Ihnen zur Verwirklichung?
- Was würden Sie anders machen, wenn Sie Ihr Leben noch einmal beginnen dürften? Wenn Sie ganz gesund wären? Was hindert Sie daran, es von nun an anders zu machen?

Heilung, ganz gleich in welcher Form sie erfolgt, ist immer Selbstheilung (= Heilung des *Selbst*). Der beste Therapeut, das teuerste Medikament kann immer nur die Selbstheilungskräfte aktivieren. Je intensiver und direkter das geschieht, desto schneller kann Heilung erfolgen. Wirkliche Heilung ist immer ein Ganzwerdungsprozess, das heißt immer heiler und damit immer mehr Sie *selbst* zu werden – immer mehr eins mit dem Partner und mit dem großen Ganzen.

Da der physische Körper unsere spirituellen, geistigen und emotionalen Wesensteile beherbergt, spiegelt sich jede Heilungsarbeit, die wir auf diesen drei Ebenen leisten, auch im körperlichen Wohlbefinden wider. Sie dürfen Verantwortung für Ihr Wohlergehen übernehmen.

Um dies zu erreichen, dürfen Sie auch die »Innenwelt-Verschmutzung« beenden. Eine Reinhaltung der Innenwelt erreichen Sie durch regelmäßige Psychohygiene. In dieser »Gemütswäsche« bereinigen Sie negative Gedanken, belastende Gefühle, unbeherrschte Triebe sowie unbedachtes Reden und Tun.

Heilung auf der körperlichen Ebene wird möglich, wenn wir wieder lernen, unseren Körper zu spüren, ihn zu hören und ihm zu vertrauen. Und ihm täglich höchste Wertschätzung zu zeigen. Der Körper teilt sich immer sehr klar und genau mit, wenn wir bereit und offen dafür sind.

Sehr hilfreich ist die *Übung* »Kommunikation mit dem eigenen Körper«:

Sie sind bereit, mit Ihrem Körper zu sprechen? Das ist einfacher, als Sie vielleicht annehmen. Nehmen wir einmal an, Sie haben Schmerzen im unteren Rückenbereich. Setzen Sie sich nun einmal ganz ruhig hin, und stellen Sie sich vor, dass Sie mit diesem Teil Ihres Körpers ein Gespräch führen. Fragen Sie ihn, was er braucht oder sich wünscht. Fragen Sie Ihn, ob er eine Botschaft für Sie hat. Die Antwort kann als Idee, als innere Stimme oder in Form eines Traumes oder Tagtraumes kommen.

Sie können auch Tagebuch führen. Das Besondere dabei ist aber, dass Sie mit Ihrer nicht dominanten Hand (also bei Rechtshändern mit der linken Hand) aufschreiben können, was Ihr Körper oder ein Körperteil Ihnen sagen möchte. Das ist eine der besten Übungen, die ich kenne, um einen guten Kontakt zum eigenen Körper zu entwickeln.

Je mehr Sie ein Gespür dafür entwickeln, was Ihr Körper Ihnen sagen möchte, desto mehr werden Sie nicht nur Ihre körperlichen Bedürfnisse erkennen, sondern auch die wahre Ursache Ihrer Symptome. Und das ist ein wichtiger Schritt zu dauerhafter, stabiler Gesundheit.

Ihr vollkommener Körper ist derjenige, den Sie jetzt bereits haben. Es ist der Körper, den Ihr Geist erschaffen hat, um sich in physischer Form auszudrücken. Ihr Körper zahlt dafür den Preis. Die meisten Menschen in der westlichen Zivilisation haben nicht gelernt, ihren Körper wertzuschätzen, ihn zu lieben und für ihn zu sorgen. Der Körper spiegelt diesen Mangel an Liebe und Fürsorge wider. Wenn Sie möchten, dass Ihr Körper seine wahre Schönheit offenbart, dürfen Sie eine liebevolle, fürsorgliche Beziehung zu ihm entwickeln. Das kann ein wenig Zeit und Geduld erfordern.

Gesundheit und Wohlbefinden Ihres Körpers sind eng verknüpft mit Ihrem emotionalen Wohlbefinden. Wenn Sie sich emotional geborgen und erfüllt fühlen, ist die Wahrscheinlichkeit groß, dass Sie sich körperlich gesund, vital und attraktiv fühlen. Emotionale Verletzungen, Konflikte und Blockaden drücken sich oft auf der körperlichen Ebene aus. Die Gefühle, die Sie Ihrem Körper entgegenbringen, sind stark mit Ihren grundlegenden Gefühlen bezüglich Ihrer Identität und Ihrem Selbstwertgefühl verknüpft.

Einen gesunden und schönen Körper zu haben, fängt damit an, dass Sie in das natürliche Fließen der eigenen Energie gelangen mit der richtigen Basis:

- Freude am Leben
- Lieben Sie Ihren Körper
- Genügend und ruhig schlafen
- Gesunde und ausgewogene Ernährung
- Ruhe und Entspannung
- Bewegung und ein gesundes Körperbewusstsein
- Mut und Zuversicht
- Positive Einstellung
- Selbstverantwortung

Wenn Sie Ihren vollkommenen Körper entwickeln möchten, dürfen Sie sich selbst annehmen, sich selbst lieben und achten. Alles entfaltet seine Schönheit, wenn es durch Liebe und Wertschätzung genährt wird.

Meditation zum Code der Heilung

Zur Verinnerlichung dieses Kapitels »Der Code der Heilung«, sind Sie zu einer kleinen Meditation eingeladen.

Sie können die Meditation zunächst ganz durchlesen und

anschließend mit geschlossenen Augen selbst nachvollziehen. Oder Sie sprechen die Meditation auf ein Diktiergerät und hören sich Ihre Aufzeichnung dann im entspannten Zustand an. Eine weitere Möglichkeit ist, dass Sie Ihren Partner oder einen guten Freund bitten, Ihnen die Meditation vorzulesen, während Sie sie Schritt für Schritt nachvollziehen.

Ich mache es mir nun einmal ganz bequem. Wenn ich bereit bin, schließe ich meine Augen und gestatte meinem Körper, vollkommen bewegungslos zu sein und mache mir bewusst, wer ich wirklich bin.

Ich bin nicht der Körper, ich bin vollkommenes, ewiges Bewusstsein.

Ich war immer und werde immer sein, denn ICH BIN. Ich bin ein Teil des einen, allumfassenden Bewusstseins. Mein Körper aber ist mein Werkzeug, das mir dient und gehorcht. Und so nehme ich einmal mein Werkzeug Körper ganz liebevoll in Besitz, durchdringe und erfülle meinen Körper bis in die letzte Zelle mit Bewusstsein. Ich bin mir meines ganzen Körpers bewusst.

Und nun spüre ich einmal in meinen Körper als Bewusstsein. Und nun lasse ich mein Bewusstsein weiter werden und öffne von innen mein Kronenchakra, die höchste Stelle meines Kopfes, und lasse mein Bewusstsein frei.

Ich wachse über mich hinaus, trete hervor als der, der ich wirklich bin, als ICH SELBST. Sobald ich über mich hinausgewachsen bin, tauche ich ein in das allumfassende kosmische Energiefeld. Ich schließe mich bewusst an das »Kosmische Netz« an und bleibe von nun an angeschlossen an die EINE KRAFT. Ich bin zurückgekehrt in die Kraft. ICH BIN die EINE KRAFT.

Über mein weit geöffnetes Kronenchakra lasse ich die EINE KRAFT in mich einströmen und als Heilkraft in meinem Körper wirken. Ich lasse so ganz bewusst Heilung in meinem Körper geschehen. Lasse von nun an ständig Heilung geschehen. Spüre immer wieder einmal ganz bewusst, dass von nun an STÄNDIG Heilung in meinem Körper geschieht. Lebe so ständig in einem Heilungsfeld kosmischer Energie.

Ich kenne von nun an das Geheimnis immerwährender Gesundheit. Mein Körper bleibt von nun an jung, vital und vollkommen gesund. In diesem Bewusstsein lebe ich nun ab sofort mein Leben, und dafür bin ich dankbar.

Impulse zur praktischen Umsetzung

Schreiben Sie nun so viele Annehmlichkeiten wie möglich auf, die Sie gerne tun, um den Code der Heilung anzuwenden und Ihre Selbstliebe und Wertschätzung auszudrücken. Ihr Augenmerk dürfen Sie dabei insbesondere auf die Dinge richten, die Sie für Ihren Körper tun können. Nachfolgend finden Sie einige Anregungen:

- Ein heißes Bad nehmen
- Sich selbst einen wunderschönen Blumenstrauß kaufen
- Ein Feinschmecker-Menü mit natürlichen Zutaten bereiten
- Eine professionelle Aromaölmassage genießen
- Schwimmen gehen
- Einen Wochenendausflug planen

- Einen Verwöhntag einlegen mit wundervollem Essen, klassischer Musik und Kuschelstunden auf dem Sofa
- Einen Waldspaziergang unternehmen

Ihr »Wohlbefinden« wird bestimmt durch ein gesundes Körperbewusstsein.

Der Code der Heilung auf einen Blick

- Der Körper kann von sich aus nicht krank werden, da er nur die Projektionsfläche Ihres Bewusstseins ist. Ihre Gedanken sind der Film, und Ihr Bewusstsein entscheidet, welcher Film läuft.

- Wenn Sie im wahren *Selbst*-Bewusstsein leben, untrennbar mit der *einen Kraft* verbunden sind und als diese leben, dann kann Ihr Körper gar nicht krank werden, da in Ihren Gedanken nur heile, vollkommene Bilder entstehen.

- Ihr Körper signalisiert Ihnen durch Krankheit die Botschaft »Du bist nicht der, der Du in Wirklichkeit bist.« Und: »Du bist nicht in der Liebe, vor allem fehlt die Liebe zu Dir selbst, zu Deinem wahren Selbst.«

- Krankheit ist ein Helfer, der Sie zu sich selbst zurückführen möchte.

- Sie dürfen Ihren Körper wertschätzen und seine Botschaften als Chance nutzen, um immer mehr der zu werden, der Sie wirklich sind: vollkommenes Bewusstsein, Ihr wahres Selbst.

6. Der Code des Glaubens und der Erkenntnis

Es gibt vielleicht so viele Ansichten des Lebens, wie es Menschen gibt. Aber das sind Ansichten, nicht die Wirklichkeit.

Eine Ansicht kann ich wählen, die Wirklichkeit aber ist. Sie heißt Wirklichkeit, weil sie wirkt – ob ich sie erkenne oder daran glaube oder nicht – sie *ist*. Alles andere aber kann ich mit meinem Glauben bestimmen. Wir glauben zu sehr an die Macht des Wissens und wissen zu wenig von der Macht des Glaubens. Dieser Glaube ist das Erinnern an die eigene göttliche Natur des Menschen. Wie Jesus sagte:

»*Einem jeden geschieht nach seinem Glauben.*« Und an einer anderen Stelle der Bibel heißt es: »*Alle Dinge sind möglich dem, der glaubt.*« (Markus 9, 23)

Sie dürfen die Entscheidung treffen, stets das Richtige zu glauben. Denn nicht, was Sie wollen geschieht, sondern das, was Sie glauben. Die Geisteskraft des Glaubens schließt Sie an die *eine Kraft* des Universums an, so dass alles möglich ist. Wissen stellt Tatsachen fest, Glaube schafft Tatsachen. Der Glaube ist ein »inneres gewisses Wissen«, das nicht auf äußeren Beweisen beruht. Es ist ein inneres Erkennen der Wahrheit und Wirklichkeit. Wahrer Glaube ist die innere Gewissheit, dass das Erwünschte in »Erscheinung treten« muss, wenn ich mich der *einen Kraft* ganz öffne und sie auf das erwünschte Ziel lenke.

Je nach Art Ihres Glaubens arbeitet dieser für oder gegen Sie, denn die Kraft des Glaubens verwirklicht das, wovon Sie innerlich überzeugt sind. »Ich kann nicht!« Wer das sagt, setzt sich selbst Grenzen. Denken Sie an die Hummel – das ist eine meiner Lieblingsgeschichten zum Thema Glauben:

Die Hummel hat 0,7 qcm Flügelfläche und wiegt 1,2 Gramm. Nach allen Gesetzen der Aerodynamik und der Flächenbelastung kann bei diesem Verhältnis nicht geflogen werden. Die Hummel aber weiß das nicht, sie fliegt einfach!

Wenn ein kleiner missgünstiger »Mistkäfer« in Ihrem Leben behaupten sollte, dass irgendein Wunsch oder Ziel für Sie völlig unerreichbar sei – ignorieren Sie diesen Ungläubigen einfach. Sie dürfen einfach eine Hummel sein und fliegen!

Heilender Glaube ist jener, der nicht mehr auf den äußeren Schein, sondern auf das innere Sein blickt und damit verursacht, dass es sich auch außen manifestiert und sich als Umstand oder als Heilung verwirklicht.

Paracelsus erkannte schon im 16. Jahrhundert: »*Die Vorstellung ist die Ursache vieler Krankheiten, der Glaube aber ist die Heilung ALLER Krankheiten.*« Glaube ist nicht nur Bejahung, sondern Gewissheit der Wahrheit und Verwirklichung des gläubig Bejahten. Wer nur glaubt, was er sieht, der ist erst bereit an die Wirkung des Säens zu glauben, wenn er die Ernte sieht. Auch wer nicht glaubt, der glaubt – nur eben das Falsche, das Gegenteil von dem Erwünschten.

Zweifel ist Glaube, der gegen Sie arbeitet. Zweifel ist Glaube an einen möglichen Misserfolg. Doch der feste Glaube muss wirkungslos bleiben, wenn Sie die Erfüllung in die Zukunft verlegen, wenn Sie in der Gegenwart Ihr Bewusstsein auf Mangel richten. Erst wenn Sie sich *jetzt* mit dem Gedanken der Verwirklichung erfüllen, ist der Weg für die *eine Kraft* frei, können Sie Erfüllung erfahren.

Nichts steht zwischen dem Menschen und der Erfüllung eines jeglichen Wunsches als Zweifel und Sorge. Wer sich etwas wünschen kann in der Gewissheit der Erfüllung, dem ist die Erfüllung sicher. Glaube ist eine höchst intelligente Angelegenheit, denn im Glauben liegt die Bereitschaft, die Unbegrenztheit des menschlichen Geistes anzuerkennen.

Von Deepak Chopra gib es eine wunderbare Geschichte über das Lernen und über den Glauben:

Bei der Ausbildung junger Elefanten In Indien ketten die Ausbilder die Tiere mit einem Hinterbein an einen dicken Baum. Nach kurzer Zeit gewöhnt sich der Elefant so an die Kette, dass er nicht mehr länger versucht sich zu befreien. Der Ausbilder verwendet dann immer kürzere Ketten. Irgendwann ist der Elefant so darauf konditioniert angebunden zu sein, dass ein dünner Strick um das betreffende Hinterbein genügt, ihn an seinem Platz zu halten. Es fesselt ihn also nicht das dünne Seil, das eigentlich kein Hindernis wäre, sondern sein Glaube, angebunden zu sein.

Wie bei diesem Elefanten wird auch bei uns unsere Erfahrung der Welt durch unsere Glaubenssätze gefärbt. Wir neigen dazu, entsprechend dem, was wir über uns selbst, andere Menschen und das Leben denken, unsere Erfahrungen zu deuten und unsere Welt zu gestalten. Um was es geht, ist den Erkenntnisweg zu gehen.

> *»Auch Buddha war zuerst nur ein gewöhnlicher Mensch.«*
> Japanisches Sprichwort

Es gibt eine schöne Geschichte aus Asien, die den Erkenntnisweg gut beschreibt:

Einst lebten in einer Stadt drei verehrte Meister des spirituellen Weges. Eines Tages beschlossen sie, herauszufinden, welcher von ihnen der höchste, der wahre Meister sei. Also zogen sie in ihren besten Gewändern, gefolgt von einer großen Menschenmenge, hinaus vor die Stadt, denn sie hatten die alte Kunst des Bogenschießens gewählt, um den Besten unter sich herauszufinden. Als sie vor das Stadttor traten, sahen sie, dass drei Kraniche über ihnen am Himmel schwebten.

Der erste der drei Meister spannte seinen Bogen, schloss die Augen und schoss einen Pfeil ab. Ein Kranich stürzte durchbohrt vom Himmel. Die beiden anderen Meister verneigten sich, und das Volk jubelte.

Da nahm der zweite Meister seinen Bogen, doch er legte keinen Pfeil ein, sondern ließ nur die Sehne des Bogens schnellen. Der zweite Kranich fiel tot vom Himmel. Wieder verneigten sich die beiden anderen Meister, und das Volk murmelte ehrfürchtig.

Der dritte Meister warf den Bogen von sich und blickt kurz in den Himmel, da stürzte der dritte Kranich herab. Das Volk wich erschrocken zurück vor solcher Macht, und die beiden anderen Meister verneigten sich tief, denn sie glaubten, den höchsten unter ihnen gefunden zu haben.

In diesem Augenblick kam ein Fremder des Weges, in einfachen, von der Reise staubigen Kleidern. Auch er war ein Meister des spirituellen Pfades, doch er machte kein Aufhebens davon. Er beachtete die Menschenmenge nicht, sondern trat zu den toten Kranichen, die nebeneinander am Wegesrand lagen. Als er sie mit tiefem Mitgefühl anblickte, erwachten die Vögel wieder zum Leben und erhoben sich in den Himmel.

Ein Meister kann nicht von Menschen oder Institutionen gewählt werden, sondern darf sich seine Meisterschaft auf dem Erkenntnisweg Schritt für Schritt in jedem Augenblick neu verdienen. Nur Sie selbst können sich zum Meister machen, weil das Ihre Bestimmung ist: Denn die Schöpfung hat Sie zum Meister erwählt.

Der erleuchtete Meister ist ein Mensch, der nach langer und entbehrungsreicher Wanderschaft durch endlose Wüsten eine hohe Mauer gefunden hat und feststellt, dass dahinter endlich das Paradies wartet. Aber anstatt hinabzusteigen, geht er zurück in die Wüste, um den anderen Führer zu sein.

Ein Meister muss nicht nur die Grundlagen seines Gebietes beherrschen, sondern das Leben in seiner Ganzheit in sich verwirklicht haben. Er sollte nicht nur leben, was er erkannt hat, sondern auch in der Lage sein, seine Erkenntnisse an andere weiterzugeben. Ein Meister ist der lebendige Ausdruck des Weges, und da der Weg kein Ende hat, ist auch der Zustand der Meisterschaft in jedem Augenblick neu. Doch selbst der beste Meister kann einen anderen nur zu der Stufe führen, auf der er selbst steht.

Aber ein Heiliger, der auf der Spitze des Berges steht und ruft: »Kommt alle!«, ist sicher weniger hilfreich als ein Meister, der gerade die Schritte gemeistert hat, die der andere vor sich sieht.

Manche Menschen wirken als Meister durch ihre überragende Intelligenz, durch ihre rhetorische Brillanz und ihre Fähigkeit, andere durch ihre Rede und Erscheinung in ihren Bann zu ziehen, aber das alles sind nicht unbedingt Fähigkeiten, die den Meister erkennen lassen. Ein Meister kann ein schlichter Mensch sein. Wahre Größe äußert sich nicht in blendendem Glanz, sondern eher in Bescheidenheit. Denn wer Bescheid weiß, ist auch bescheiden. Ein wahrer Meister glänzt nicht – er strahlt! Eine Eigenschaft, die einen Meister auszeichnet, der den Erkenntnisweg gemeistert hat, ist Natürlichkeit. Er ist einfach *er selbst*. Seine Einfachheit, oft gepaart mit einem feinen Humor, seine Geduld, seine Gelassenheit und seine positive, liebevolle und wertschätzende Einstellung allem gegenüber, treten selbstverständlich und natürlich aus seinem Wesen hervor. Dabei ist er nicht an seiner Wirkung auf andere interessiert.

Geistiges Wachstum ist nicht das sich Aneignen einer äußeren Lehre, sondern das Erweitern des Bewusstseins zur unbegrenzten Erfahrung der Gesamtheit des Lebens. Zur Einsicht kommen heißt, in jedem Augenblick und in allem die Wirklichkeit hinter dem Schein zu erkennen und sich Selbst als eine individuelle Einheit der Bewusstheit in der Ganzheit des Seins zu erleben. Das Selbst ist der stille Beobachter. Es bringt eine Persönlichkeit hervor, aber es ist nicht die Persönlichkeit, sondern bleibt in diesem Spiel des Lebens ewig unverändert und vollkommen.

Ein wahrer Meister wird auch nicht alle Fragen beantworten, denn wenn er dem Fragenden seine Neugier mit Worten befriedigt, nimmt er ihm die Möglichkeit, durch eigene Erfahrung und Erkenntnis die innere Wahrheit zu erkennen, und macht ihn abhängig von einer äußeren Quelle des Wissens, anstatt ihm Raum zu geben für eigenes spirituelles Wachstum.

Und natürlich weiß ein Meister auch, dass jede Frage bereits die Antwort in sich trägt, sonst könnte sie gar nicht erst gestellt werden. So ist die hilfreichste Antwort, den Fragenden auf die innere Antwort hinzuführen, bis er sie nicht mehr verfehlen kann. Das kann auf sehr verschiedene Arten geschehen: durch eine Geste, eine spontane Handlung, ein Rätsel oder eine Gegenfrage.

Eine hilfreiche Antwort besteht also nicht in einer rationalen Erklärung, sondern gibt dem Fragenden die Möglichkeit, die innere Antwort zu erkennen. Das ist die wahre Kunst des spirituellen Lehrens, die nur ein Meister beherrscht und die höchste Wertschätzung dem anderen gegenüber zeigt.

So verbringt ein Meister sehr viel mehr Zeit damit, den Geist, das Bewusstsein zu lehren, in welchem man sich einer bestimmten Tätigkeit nähert, als mit der Unterweisung in konkreten Techniken zur Durchführung. Solange das Bewusstsein nicht stimmt, kann auch kein Meisterschaftsspiel stattfinden. Der wichtigste Schritt, eine Sache wirklich zu meistern, ist nicht die besondere Technik, sondern das wahre *Selbst*-bewusst-*sein*.

Meditation zum Code des Glaubens und der Erkenntnis

Zur Verinnerlichung dieses Kapitels »Der Code des Glaubens und der Erkenntnis« sind Sie zu einer kleinen Meditation eingeladen.

Sie können die Meditation zunächst ganz durchlesen und anschließend mit geschlossenen Augen selbst nachvollziehen. Oder Sie sprechen die Meditation auf ein Diktiergerät und hören sich Ihre Aufzeichnung dann im entspannten Zustand an. Eine weitere Möglichkeit ist, dass Sie Ihren Partner oder einen guten Freund bitten, Ihnen die Meditation vorzulesen, während Sie sie Schritt für Schritt nachvollziehen.

Ich mache es mir nun einmal ganz bequem. Wenn ich bereit bin, schließe ich meine Augen und gestatte meinem Körper, vollkommen bewegungslos zu sein.

Ich atme ganz ruhig und gelöst.

Mein Herz schlägt ruhig und gleichmäßig.

Meine Muskeln und mein ganzer Körper sind vollkommen entspannt.

Ich fühle mich wohl.

Ich bin glücklich, ich zu sein.

Ich bin gerne ich.

Ich erkenne nun in einem weiteren Schritt, dass ich nicht mein Körper bin, sondern ICH BIN vollkommenes, erwachtes Bewusstsein.

In dieser Erkenntnis, wer ich wirklich bin, empfinde ich Dankbarkeit.

Ich freue mich an meinem SEIN.

Alles ist gut.

Ich bin gesund und voller Lebensfreude.

Ich bin erfolgreich und helfe auch anderen zum Erfolg.

Ich glaube an mich und meinen Erfolg.

Ich lebe in der festen Gewissheit an meinen Erfolg.

Ich freue mich, dass ich den Erkenntnisweg gehen darf.

Ich achte und schätze mich selbst.

Ich achte und schätze andere.

Ich bin dankbar für das Geschenk des Lebens.

Ich erfülle jeden Augenblick meines Lebens.

Durch mein positives Denken ziehe ich automatisch die richtigen Menschen in mein Leben.

Ich gebe stets in allem mein Bestes zum Wohle des Ganzen.

Mit einem tiefen Gefühl der Freude und Dankbarkeit, dass mir als Schöpfer alles möglich ist, gehe ich nun durch mein weiteres Leben.

Impulse zur praktischen Umsetzung

Der Code des Glaubens und der Erkenntnis ist ein Geschenk, das Sie selbst auspacken und auch mit anderen Menschen teilen dürfen.

Beginnen Sie in Ihrem Alltag damit, dass Sie sich »Glaubenserlebnisse« verschaffen. Beginnen Sie mit kleinen Erfahrungen, wie einen Parkplatz »bestellen«. Trainieren Sie das so lange, bis Sie absolute Gewissheit haben.

Dann gehen Sie zu größeren Dingen über. Ihr Ziel kann das Bestehen einer schwierigen Prüfung sein, das Ergattern einer heiß begehrten Premierenkarte oder Ihr Traumhaus. Es gibt keine Grenzen.

Freuen Sie sich, wenn das Gewünschte in Ihr Leben tritt, und zeigen Sie Dankbarkeit – sich selbst gegenüber und der *einen Kraft*. Damit drücken Sie Wertschätzung aus, weil Sie aus Ihrer Erkenntnis heraus wahren Glauben erfolgreich praktiziert haben.

Der Code des Glaubens und der Erkenntnis auf einen Blick

- Glaube ist das Erinnern an die eigene, göttliche Natur des Menschen.
- Nicht, was Sie wollen, geschieht, sondern das, was Sie glauben.
- Die Geisteskraft des Glaubens schließt Sie an die *eine Kraft* des Universums an, so dass alles möglich ist.

Der Code des Glaubens und der Erkenntnis auf einen Blick 155

- Wissen stellt Tatsachen fest, Glauben schafft Tatsachen.
- Glaube ist ein »inneres gewisses Wissen«, das nicht auf äußeren Beweisen beruht. Es ist ein inneres Erkennen der Wahrheit und Wirklichkeit.
- Wahrer Glaube ist die innere Gewissheit, dass das Erwünschte in »Erscheinung treten« muss, wenn ich mich der *einen Kraft* ganz öffne und sie auf das erwünschte Ziel lenke.
- Zweifel ist Glaube, der gegen Sie arbeitet.
- Nichts steht zwischen dem Menschen und der Erfüllung eines jeglichen Wunsches als Zweifel und Sorge.
- Wer sich etwas wünschen kann in der Gewissheit der Erfüllung, dem ist die Erfüllung sicher.

Wenn es einen Glauben gibt, der Berge versetzen kann,
dann ist es der Glaube an die eigene Kraft.

MARIE VON EBNER-ESCHENBACH

7. Der Code des Vertrauens

Wenn Sie in das Leben Vertrauen haben und alles wertschätzen können, was Ihnen begegnet, dann sind Sie reich beschenkt. Ich habe das feste Vertrauen, dass das Leben mich mit allem beschenkt, was jetzt zu mir gehört. In dieser tiefen Gewissheit kann ich ruhen und weiß, dass für mich immer gut gesorgt ist. Ich bin dankbar und zeige Wertschätzung allem gegenüber, was mein Leben bereichert: Familie, Freunde, Haus, Arbeit, Bücher, Kleider, Hobbys, Reisen – allem und jedem.

Aus diesem inneren Reichtum ergibt sich Fülle auch im Außen. Und aus dieser Fülle teile ich gerne. Ich stärke so das Vertrauen in mir, dass jederzeit Neues »nachkommt«. Zugleich stärke ich das Vertrauen der anderen in das Leben und lasse sie Wertschätzung erfahren.

Manchmal mangelt es uns an Vertrauen, und es mag das Gefühl aufkommen, auf der Stelle zu treten oder von der Fülle abgeschnitten zu sein. In solch einer Phase des Lebens mag sich das schmerzlich im Außen zeigen durch Sorgen, Armut, Geldmangel oder gar eine Pleite. In diesem Fall dürfen Sie lernen, das Geld wertzuschätzen.

Schauen Sie sich auch genau an, wie Sie über Geld denken und reden. Ist es »Kohle« oder gar »schmutzig« für Sie? Diese Haltung zeugt von mangelnder Wertschätzung

Geld gegenüber. Wenn Sie so abschätzig über Geld denken und reden, setzen Sie nach dem Gesetz der Resonanz einen negativen Impuls. Die Folge ist, dass sich das Geld noch weiter von Ihnen zurückzieht.

Wenn Sie einem Produkt oder einer Dienstleistung keine Wertschätzung erweisen – in Form von dankbarer und freudiger Überreichung des Geldbetrages –, verursachen Sie ebenfalls ein Ungleichgewicht.

Sie dürfen darum lernen, Geld wertzuschätzen – seinen Wert zu schätzen, beziehungsweise die mit Geld verbundene Energie dankbar zu lieben, weil Sie Ihnen Freiheit und ein schönes Leben ermöglicht.

Ein Ausweg bei mangelndem Vertrauen nicht nur in Bezug auf Geld, sondern auch allgemein ist, behindernde Kreisläufe zu erkennen und zu beseitigen. Die Situation mag einem Hamsterrad gleichen. Manchmal machen Sie sich auf den Weg und haben auch durchaus den Eindruck, bedingungslos vertrauen zu können und auch vorwärtszukommen.

Sie mögen Schritte in die richtige Richtung tun, und doch kommt dann eines Tages die Erkenntnis, dass Sie auf der Stelle treten. Vielleicht haben Sie die Stellung gewechselt, eine neue Aufgabe übernommen, um höher zu steigen, und doch beginnt die alte, vertraute Situation wieder von vorne. Das zeigt Ihnen nur, dass Sie zwar den Ort, die Aufgabe und die Menschen gewechselt haben, nicht aber Ihr Bewusstsein.

Ihre Wahl ist die gleiche geblieben, weil der Wählende

(= Sie) noch immer der Gleiche ist. So ist es unmöglich, wirklich weiterzukommen, denn die Ursache für das Außen liegt im Innen. Wenn sich dort nichts ändert, kann sich auch außen nichts Wesentliches verändern. Ein solches Kreislauferlebnis zeigt nur, dass Sie in der letzten »Schulstunde« Ihre Hausaufgaben nicht optimal gelöst haben und nun eine Lektion wiederholen dürfen.

Dieser Vorgang wiederholt sich so lange, bis sich etwas Wesentliches in Ihnen geändert hat: die Haltung und Einstellung Ihres Bewusstseins. Denn diese Wiederholungen bestimmter Lebenssituationen, Umstände und Ereignisse sind kein vorbestimmtes Schicksal, dem Sie nicht entrinnen können. Vorbestimmt ist nur, dass Sie die Vollkommenheit Ihres wahren Wesens immer vollkommener zum Ausdruck bringen dürfen. Aber wie Sie das tun, wann und auf welchen Wegen und mit welchen Schritten – das ist Ihre freie Entscheidung und daraus entsteht dann Ihr individuelles Schicksal.

Das Erkennen solcher Kreisläufe wird so zum Lehrer und Wegweiser in Ihrem Leben. Es ist nur die Information, dass Sie sich im Kreis gedreht haben und nun einen neuen Weg gehen dürfen. Nichts und niemand kann Sie zwingen, diesen Kreislauf zu wiederholen. Sobald Sie ihn erkannt haben, können Sie ihn ganz einfach auflösen durch die Änderung der Einstellung Ihres Bewusstseins. Der Kreis wird dann zur Spirale, die wirklich weiter führt. Und das heißt immer näher zu sich *selbst*. Aber die Wahl haben Sie erst, wenn Sie den Kreislauf entdeckt haben, sonst strengen Sie sich nur an – wie der Hamster im Rad, der sich auch mächtig anstrengt, eine große Strecke zurücklegt und dabei doch nur auf der Stelle tritt.

Es wäre jetzt gut, sich in Ruhe die Zeit zu nehmen, um in Ihrem Leben hinzuschauen, wo Sie auf der Stelle getreten sind oder noch treten, obwohl Sie ständig weitergehen. Am besten schreiben Sie alles auf, was Ihnen in diesem Zusammenhang in den Sinn kommt. Wichtig ist auch der Erkenntnisprozess, wie Sie merken, wenn Sie auf der Stelle treten und wie Sie sich dabei fühlen. Während Sie in sich gehen und alles aufschreiben, schärfen Sie Ihre Achtsamkeit. Dadurch können Sie beim nächsten Mal einen Kreislauf gleich am Anfang bemerken, ohne ihn gehen zu müssen.

Nun folgen einige Hinweise, wie Sie Kreisläufe erkennen:

- Wenn Sie eine Situation erleben, die Sie schon mehrfach erlebt haben, wenn auch unter anderen Umständen und mit anderen Menschen.
- Wenn Sie immer wieder mit denselben Menschen gleiche oder ähnliche Konflikte auszutragen haben.
- Wenn eine Aufgabe an Sie herangetragen wird, die Sie schon mehrfach zu erledigen hatten und auch scheinbar erfüllt haben.
- Wenn immer wieder die gleichen Schwierigkeiten in Ihrem Leben auftauchen: Man belügt Sie, spricht schlecht über Sie, Freunde wenden sich ohne Grund plötzlich ab, Sie verlieren Partner immer wieder – und dies meist auch noch in ähnlichen Situationen.
- Wenn Sie immer wieder die gleichen Krankheiten bekom-

men, zum Beispiel Schnupfen jedes Jahr zur gleichen Zeit oder in ähnlichen Situationen.

- Wenn der gleiche Konflikt sich mit immer anderen Personen wiederholt.
- Wenn Sie immer wieder in einen finanziellen Engpass geraten.
- Wenn Sie immer wieder Mobbing am Arbeitsplatz erleben, auch nach wiederholtem Stellenwechsel.
- Wenn es immer wieder zu Streit mit Nachbarn kommt.
- Wenn Sie mit einem neuen Partner die gleiche Schwierigkeit erleben, die Ihre letzte Partnerschaft scheitern ließ.

Das Verabschieden eines Kreislaufs wird erleichtert durch einige wesentliche Erkenntnisse und Änderungen von Verhaltensmustern.

Manchmal eskaliert eine Kleinigkeit zu einem riesigen Krach. Wäre es nicht hilfreich, sich die »Spielregeln« für ein liebevolles Miteinander in der Haltung gegenseitiger Wertschätzung bewusst zu machen? Miteinander zu erkennen, wie einfach das Leben sein kann und wie schön, wenn wir beginnen, uns in dieser neuen Form der Achtsamkeit und des Respekts zu begegnen.

Wenn Sie sich voll Achtsamkeit und Vertrauen in jeder Situation führen lassen, dann erkennen Sie den nächsten Schritt und das, was der Augenblick Ihnen als Einladung bietet. Wenn es ein unangenehmes Erlebnis oder auch eine Krise ist, dürfen Sie die Chance erkennen, sich die eigene Situation wieder einmal bewusst zu betrachten.

Sie dürfen sich bewusst werden, wer Sie wirklich sind,

und aus dieser Selbsterkenntnis heraus (= der Erkenntnis des wahren *Selbst*) die eigene Wirklichkeit bewusst gestalten. Damit verändern Sie als bewusster Schöpfer nicht nur Ihr Umfeld, sondern auch die ganze Schöpfung. Denn alles hat Einfluss auf alles. Sie sind nicht ohnmächtig und hilflos den Umständen ausgeliefert, sondern die Umstände, alle Umstände, die Sie berühren, entstehen zuerst in Ihnen. Sie dürfen sich immer wieder bewusst machen, dass die Wirklichkeit geistiger Natur ist. Das, was Sie Realität nennen, ist nichts anderes als eine Widerspiegelung der eigentlichen Wirklichkeit in Ihnen, ein Spiegel Ihres wahren Seins.

Aber auf der Netzhaut unseres Auges gibt es einen blinden Fleck, dort wo sich der Sehnerv befindet. Dieser blinde Fleck existiert auch in unserem Bewusstsein. Er ist das, was wir unser ganzes Leben lang nicht sehen wollen. Sobald wir aber die Wirklichkeit als Spiegel erkennen, die Menschen, denen wir begegnen, unsere Lebensumstände und die Situationen, die wir tagtäglich erleben, dann verschwindet dieser blinde Fleck. Sobald wir bewusst durch den »Abenteuerspielplatz Leben« gehen, können wir die ganze Wirklichkeit erkennen.

So wenden Sie den Code des Vertrauens an, um Sicherheit und Selbstvertrauen zu gewinnen. Sie sind eingeladen, die »Neun Schritte der Erkenntnis« zu gehen:

Erste Erkenntnis
Jeder Mensch hat das Recht, so zu sein wie er ist – *auch ich*!

Zweite Erkenntnis

Niemand kann lernen, ohne Fehler zu machen. Wichtig ist nur, dass man sie nicht wiederholt.

Dritte Erkenntnis

Ich mache meine Gedanken, Gefühle und mein Verhalten nicht abhängig von der Meinung anderer.

Vierte Erkenntnis

Niemand kann es allen Menschen recht machen. Ich versuche in jeder Situation das Richtige zu tun, unabhängig davon, ob andere damit einverstanden sind.

Fünfte Erkenntnis

Ich habe jederzeit das Recht zu sagen: »Ich weiß nicht«, oder: »Das verstehe ich nicht«, oder: »Das möchte ich nicht.«

Sechste Erkenntnis

Ich bestimme mein Schicksal, ich darf es tragen, und nur ich kann es ändern.

Siebte Erkenntnis

Meine Aufgabe ist es, meine Fähigkeiten zu erkennen, zu entwickeln, optimal einzusetzen, meine Leistung kontinuierlich zu steigern und durchzuhalten bis zum Erfolg.

Achte Erkenntnis

Ich erreiche Sicherheit und Selbstvertrauen durch regelmäßiges mentales Vorauserleben des erwünschten Endzustandes.

Neunte Erkenntnis

Ich komme nur ans Ziel, wenn ich mich auf den Weg mache!

Einen hilfreichen Schlüssel überreicht der »Code des Vertrauens« mit der *Ja-Übung*. Das Wort »Ja« enthält eine riesige Kraft, die Türen öffnet, die vorher fest verschlossen waren. »Ja« ist das Vertrauen, dass alles, was geschieht, zu Ihrem Besten ist. Je mehr Sie sich mit dem Wort »Ja« verbinden und von seiner segensreichen Wirkung getragen werden, desto mehr wächst Ihr Vertrauen in das Leben und in alles, was da ist.

Sie sind eingeladen, das Wort »JA« in Großbuchstaben auf ein Blatt Papier zu schreiben. Hängen Sie es sich als Memo an die Wand, damit es sich Ihnen ganz fest einprägt.

Die *Ja-Übung* funktioniert so:

- Denken Sie »Ja«, wenn Sie etwas Unangenehmes zu tun haben. Denn mit »Nein« entsteht Widerstand, Unlust und die Gefahr, dass die Aufgabe unerledigt bleibt.
- Denken Sie »Ja«, wenn Sie Ärger im Büro haben. Mit »Nein« lösen Sie die Schwierigkeiten nicht. Im Gegenteil, die Gefahr einer Eskalation wächst.
- Denken Sie »Ja«, wenn Migräne Sie plagt. Der Gedanke »Oh-Gott-mein-Kopf« löst die Schmerzen nicht.
- Sagen Sie »Ja« zur verpassten U-Bahn und zu einem verregneten Tag. Wenn Sie eine ärgerliche Mine ziehen, ändern Sie die Situation auch nicht.

»Ja« ist eine natürliche Medizin. Sie heilt garantiert und ohne jegliche Nebenwirkungen. »Ja« macht den Kreislauf munter, das Herz fröhlich, die Sorgen kleiner, das Leben leichter und schöner. »Ja« hilft dauerhaft, wenn Ihnen diese Übung in Fleisch und Blut, in Ihr Zellbewusstsein, übergangen ist. Wenn Sie »Ja« sagen zu Ihrem Leben, sagen Sie zugleich »Ja« zu Ihrem Sein, zu Ihrem So-*sein*. »Ja« sagen heißt auch, furchtlos zu den Dingen stehen und wissen, dass Sie auch das weniger Angenehme zulassen können, weil Sie die Kraft in Ihnen haben, es zu überwinden. Auf diese Kraft dürfen Sie vertrauen. Diese Kraft, Ihre Kraft, können Sie wertschätzen.

Sie müssen nicht Millionär sein, um sich des Lebens richtig zu erfreuen. Die schönsten Dinge im Leben kann man ohnehin nicht kaufen:

Harmonie, Freude, inneren Frieden, heitere Gelassenheit sind Naturgesetze, die Ihnen unbegrenzt zur Verfügung stehen. Gesundheit und Freude sind ein naturgemäßer Zustand. Voraussetzung ist, dass Sie durch ständiges Bejahen in Erscheinung rufen, was Sie sich ersehnen.

Aus dieser »Lebensbejahung« entsteht erst die große Lebensfreude, die Ihrem Dasein den eigentlichen Sinn gibt. Wenn Sie in der Haltung der Lebensbejahung ruhen, sind Sie immun gegen äußere Einflüsse und vor allem auch gegen Negativismus. Das Geschenk ist ein glückliches Leben. Darum ist »Ja« das hilfreichste Wort der Welt.

Sagen Sie »Ja« zum Leben. Nachfolgende Merksätze können Ihnen in vielen Situationen eine Hilfe sein:

- Ich lasse innerlich los.
- Ich klammere mich nicht mehr an meine Hoffnungen und Wünsche, an meine Vorstellungen und Träume. Ich lasse einfach geschehen.
- Was mir zugedacht ist, nehme ich dankbar und in Freude an.
- Ich lebe im Hier und Jetzt.
- Der jetzige Augenblick ist es, der mein wahres Leben ausmacht.
- Diesem Augenblick *jetzt* gebe ich mein frohes und bedingungsloses »JA«.

Am besten schneiden Sie sich diese Merksätze aus, kleben Sie auf Pappe und behalten sie den ganzen Tag in Sichtweite, bis Sie sie sich ganz zu eigen gemacht haben. Je öfter Sie mit diesen positiven Sätzen in Kontakt kommen, umso tiefer und rascher erfolgt die Programmierung.

Meditation zum Code des Vertrauens

Zur Verinnerlichung dieses Kapitels »Der Code des Vertrauens« sind Sie zu einer kleinen Meditation eingeladen.

Sie können die Meditation zunächst ganz durchlesen und anschließend mit geschlossenen Augen selbst nachvollziehen. Oder Sie sprechen die Meditation auf ein Diktiergerät und hören sich Ihre Aufzeichnung dann im entspannten Zustand an. Eine weitere Möglichkeit ist, dass Sie Ihren Partner oder einen guten Freund bitten, Ihnen die Meditation vorzulesen, während Sie sie Schritt für Schritt nachvollziehen.

Ich mache es mir nun einmal ganz bequem. Wenn ich bereit bin, schließe ich meine Augen und gestatte meinem Körper, vollkommen bewegungslos zu sein.

Ich atme ganz ruhig und gelöst und fühle tiefe Entspannung.

Mein ganzer Körper ist wohlig warm und lichtdurchflutet.

Nun richte ich meine Aufmerksamkeit auf mein Kronenchakra und lasse mein Bewusstsein grenzenlos werden.

Ich erinnere mich daran, wer ich wirklich bin: ICH BIN grenzenloses Bewusstsein. ICH BIN eins mit der EINEN KRAFT.

Ich ruhe voll Vertrauen ganz geborgen in der einen Kraft.

Ich erkenne, ich bin der Schöpfer meiner Lebensumstände.

Ich erkenne und erlebe meine wahre Größe.

Ich ruhe in diesem Vertrauen und gestalte bewusst die Schöpfung als Mitschöpfer mit.

So bin ich jederzeit Herr meiner Wirklichkeit.

Ich vertraue auf die Fülle der Wirklichkeit.

Ich kann bewusst jede beliebige Energie abrufen, in mir aktivieren und wirken lassen.

Klarheit, Freude, Liebe, Leichtigkeit, Vitalität, Erfüllung, Wohlstand auf allen Ebenen, Heilung.

Ich vertraue in die EINE KRAFT.

Ich vollende mich SELBST als Aufgabe.

Übernehme Verantwortung für das Ganze und vollende die Schöpfung als Mitschöpfer.

Trete ein durch die Tür des Augenblicks in die Zeitlosigkeit.

Bin damit alterslos.

Erkenne und erlebe, ich war schon immer erleuchtet und bin es JETZT.

Bin damit zurückgekehrt ins wahre Leben.

Ich lasse geschehen.

Ich bin grenzenloses, allumfassendes schöpferisches Potenzial.

Und dafür bin ich dankbar.

Ich nehme diese Haltung des tiefen Vertrauens mit in meinen Alltag und liebe mein Leben.

Impulse zur praktischen Umsetzung

Eine schöne Erfahrung mit dem Code des Vertrauens mache ich seit Jahren durch ganz besondere Überraschungskärtchen. Ich trage diese Kärtchen immer bei mir und spüre intuitiv, wenn es stimmig ist, mit ihnen segensreich zu wirken.

Praktisch sieht das so aus, dass ich zum Beispiel im Blumenladen nicht nur einen Strauß für unser Heim kaufe, sondern auch einen Blumengruß für den nächsten – mir unbekannten Kunden – im Voraus bezahle. Ich bitte dann die Verkäuferin, diese Blume mit dem Überraschungskärtchen zu überreichen. Dasselbe Spiel mache ich im Café, indem ich einfach einen Espresso für den nächsten Gast gleich mitbezahle. Oder im Kino an der Kasse ein zweites Ticket für einen anderen – fremden – Besucher löse. Bei jedem Kauf überreiche ich das Kärtchen an das Personal mit der Bitte um Weiterleitung an den mir unbekannten Beschenkten.

Folgenden Text habe ich für diese Kärtchen gewählt:

»Ich hoffe, ich konnte Ihnen eine kleine Freude machen, und vielleicht macht es auch Ihnen eine Freude, die kleine Geste ›Freude zu bereiten‹ weiterzugeben, indem auch Sie einem Unbekannten eine kleine Freude machen, ebenfalls mit der Bitte, sie weiterzugeben, damit die Freude um die Welt geht. So könnten wir EINANDER SEGEN SEIN!«

Was jetzt geschieht, hängt mit dem geistigen Gesetz des Ausgleichs zusammen. Dadurch, dass Sie etwas geben, entsteht ein Vakuum. Diese Leere wird gefüllt, indem Neues zu Ihnen strömt. Das Leben muss Ihr »Konto« ausgleichen. Ich habe durch die Überraschungskärtchen schon viele Wunder erlebt. Das Leben hat mich um ein Vielfaches reicher beschenkt als das, was ich gegeben habe. Freude und Wertschätzung gehen durch diese Aktionen um die Welt und kehren als Segen und Wohlstand zurück. Probieren Sie es einfach aus, lassen Sie sich angenehm überraschen, was geschieht, wenn Sie der *einen Kraft* und ihrer unendlichen Fülle vertrauen.

Der Code des Vertrauens auf einen Blick

- Vertrauen Sie, dass das Leben Sie mit allem beschenkt, was jetzt zu Ihnen gehört. Dafür dürfen Sie dankbar und voll Wertschätzung allem gegenüber sein, was Ihr Leben bereichert.

- Aus innerem Reichtum ergibt sich Fülle im Außen. Wenn Sie aus der Fülle teilen, stärken Sie Ihr Vertrauen, dass jederzeit Neues »nachkommt«. Zugleich stärken Sie das Vertrauen der anderen in das Leben und lassen sie Wertschätzung erfahren.
- Wenn Sie abschätzend über Geld denken und reden, setzen Sie nach dem Gesetz der Resonanz einen negativen Impuls in Kraft. Zum Code des Vertrauen gehört, Geld wertzuschätzen und es gerne im Austausch zu geben.
- Sicherheit und Selbstvertrauen gewinnen Sie, indem Sie den Erkenntnisweg gehen.
- Setzen Sie das Wort »Ja« zur Vertrauensstärkung ein. Je mehr Sie sich mit dem Wort »Ja« verbinden und von seiner segensreichen Wirkung getragen werden, umso mehr wächst Ihr Vertrauen in das Leben und in alles, was da ist.

Betrachte die Welt als dein Selbst,
habe Vertrauen zum Sosein der Dinge,
liebe die Welt als dein Selbst;
dann kannst du dich um alle Dinge kümmern.

LAOTSE, TAO TE KING

8. Der Code des Dankens und Segnens

Dankbar sein, das Leben als Geschenk erkennen und alles und jeden segnen – das ist Ausdruck höchster Wertschätzung. In Dankbarkeit ein gesegnetes Leben zu führen bedeutet auch, dass Sie jeden Augenblick genießen können. Lebensgenuss vereint vieles in sich: die Dankbarkeit und Freude am Dasein, an der Sonne, an den Wolken, an Musik, am ersten Blick am Morgen, am letzten Blick am Abend, an einem schönen Frühlingstag, an der Sahne im Kaffee, am ersten Schnee.

Was immer es auch ist: Nur vor dem Hintergrund einer umfassenden Zustimmung zum Sinn und zur Dankbarkeit Ihrer eigenen Lebendigkeit *jetzt* und *hier* stellt sich Genuss ein, erblicken Sie das von der Welt der Hektik belächelte vermeintlich Belanglose in seinem eigentlichen Wert. Genuss stellt sich ein mit der Einsicht, dass Zeit nur von Wert ist, wenn man Sie nicht ver-wertet. Lebenslust ist Ernsthaftigkeit: nichts ernst zu nehmen mit Ausnahme der Dinge, von denen man wirklich weiß und fühlt, dass sie wertvoll und wichtig sind.

Alles ist ein heiliger Akt, wenn Sie dankbar sind und es segnen. Wenn Sie in dieser Haltung Ihr Leben führen, können Sie aus Ihrem Leben ein Meisterwerk machen.

Kennen Sie das Geheimnis vom »Segen des Segnens«?

Ein Segen, der in die Welt gesandt wird, ist die reinste und feinste Form von Gedankenenergie und bewegt die stärkste Kraft des Universums, die Göttliche Liebe. Diese unendliche Liebe ist da und wartet nur darauf, von einem Schöpfer (= *Sie*) in Tätigkeit gesetzt zu werden.

Das Gesetz des Segnens lautet:

- Was immer Sie ehrlichen Herzens segnen, ist im gleichen Augenblick gesegnet. Die Macht des Segens beginnt sofort segensreich zu wirken.
- Was immer Sie ehrlichen Herzens segnen, muss Ihnen zum Segen werden. Segnen Sie einen »Feind«, gewinnen Sie einen Freund.

Die Form des Segens ist unbedeutend. Sie können den Segen sprechen, singen, denken oder fühlen. Was zählt, ist nur die »Ehrlichkeit des Herzens«. Sie können Segen auch einfach »geschehen lassen« oder ihn als Licht imaginieren (= sich geistig vorstellen).

Alles, was ist, können Sie segnen. So könnten von nun an jeden Menschen segnen, der ihnen begegnet, und so jedem zum Segen werden. Sie könnten gleich damit beginnen und den segnen, den Sie am wenigsten mögen. Sie können aber auch jedes Ding und jede Situation segnen. So segnen Sie ganz einfach zum Beispiel Ihren Körper, und wenn ein Teil des Körpers Schwierigkeiten bereitet, dann segnen Sie diesen Teil oder das Organ, aber niemals die Krankheit. Mit dem Segnen stärken Sie ganz bewusst Ihre Gesundheit. Sie können Ihren Beruf segnen, vor allem aber Ihre Lieben. Sie können Ihr Auto segnen, Ihr letztes Geld, Freund und Feind, Stadt und Land – alles, was Ihr Leben ausmacht, und alles wird Ihnen zum Segen werden.

Sie können sogar die *eine Kraft* segnen, also Ihr wahres *Selbst*, und so wird die *eine Kraft* Ihnen ständig zum Segen. Auf diese Weise können Sie von nun an dankbar ein »gesegnetes Leben« führen und so ein praktischer Segensbringer für jeden sein – ein Akt höchster Wertschätzung. Wenn Sie in dieser Haltung leben, ist es eine Freude und ein Geschenk, Ihnen begegnen zu dürfen.

Wenn Sie den Code des Dankens und Segnens anwenden, dürfen Sie erkennen: Sie haben das Paradies nie verlassen. Das richtige Bewusstsein lässt Sie im Himmel leben, gleich hier und jetzt!

Seit Jahrzehnten beginne ich meinen Tag mit Segnen. Ich segne alles aus tiefstem Herzen, für das ich dankbar bin – die großen wie die kleinen Dinge. Hier einige Beispiele für meinen Morgensegen:

- Familie
- Gesundheit
- Freunde und Bekannte
- Mein Essen
- Die Vögel, die mich mit einem Morgenständchen begrüßen
- Alle Tiere, die Freude schenken
- Die Natur in ihrer Vielfalt

- Haus und Garten
- Meine Wirkungsstätte: Haushalt, Büro, Praxis, Fabrik, Schule etc.
- Meine Gaben und Talente
- Seminar- und Buchprojekte
- Den heutigen Tag
- Den Augenblick
- Mein ganzes Leben
- Die ganze Erde

Wofür sind Sie dankbar? Was wünschen Sie in Ihrem Leben zu segnen, damit es Ihnen zum Segen gereicht? Der Sinn des Segnens und Dankens ist auch, dass man dankt für etwas, das man erhalten hat. Im Danken zeigt sich Wertschätzung für das Empfangene. Damit verlegt man die Erfüllung ins *Jetzt.*

Wenn Sie also im Voraus für etwas danken, das Sie sich zutiefst wünschen, ist die Erfüllung greifbar nahe. Auf geistiger Ebene haben Sie die Erfüllung des Wunsches bereits vollzogen, das Gewünschte in Ihren Besitz genommen. Jetzt darf es sich nur noch in Ihrer Realität, im Außen, manifestieren. Dankbarkeit und Segnen sind ein Schlüssel zur Manifestation von Wirklichkeit.

Eng verknüpft mit dem Code des Dankens und Segnens ist das »Geheimnis der Wandlung«. Dies ist ein Weg, wie Sie jedes Spiel gewinnen können, denn Sie bestimmen die Richtung, in die sich ein Ereignis oder eine Situation entwickelt. Das ist der Weg der bewussten Wandlung. Ganz gleich, was gerade in Ihrem Leben geschieht, Sie dürfen sich bewusst machen, dass Sie daraus einen Erfolg machen können.

Nehmen Sie das zu wandelnde Ereignis in Ihr Bewusstsein, und stellen Sie sich mindestens drei Möglichkeiten vor, wie daraus für Sie ein Erfolg werden kann. Erleben Sie jede dieser Möglichkeiten ganz und in allen Einzelheiten durch, und beenden Sie jede dieser Vorstellungen mit einem starken Gefühl der Dankbarkeit, dass Sie wieder einmal Erfolg hatten. Dann segnen Sie das Ganze.

Das Gefühl der Dankbarkeit ist besonders wichtig, damit nicht unbewusst der Gedanke auftaucht »Hoffentlich klappt es auch dieses Mal«. Dieser Gedanke des Zweifels würde das Ergebnis in das Gegenteil verkehren. Dankbar aber ist man für etwas, das man bereits erhalten hat. Durch diese Haltung der Gewissheit geschieht Wandlung in Richtung Erfolg.

Sie sind eingeladen, mit Ihrer Vorstellung genau zu bestimmen, welche Art Erfolg Sie wünschen, und es wird genau so geschehen. So können Sie *jeden* Misserfolg in einen Erfolg umwandeln. Noch besser ist es, gar nicht erst einen Misserfolg abzuwarten, sondern gleich Erfolg in einer Sache zu verursachen.

Wenn Sie Ihre Wünsche betrachten, ist es auch interessant, sich mit der Botschaft hinter dem Wunsch und hinter dem Ziel zu befassen. Jeder Wunsch und jedes Ziel macht Sie auf einen Mangel aufmerksam. Ein Wunsch zeigt, dass Sie nicht das sind oder das haben, was Sie wollen. Ein Ziel zeigt, dass Sie (noch) nicht da sind, wo Sie sein sollten oder sein wollen. Sie sind darum eingeladen, sich mit diesem Thema näher zu befassen und folgende Fragen in Ruhe am besten schriftlich zu beantworten:

- Kann die Erfüllung meines Wunsches wirklich den Mangel beseitigen?
- Kann das Erreichen meines Zieles mich wirklich meinem *Selbst* näher bringen?
- Was darf ich tun, um den wirklichen Mangel zu beseitigen?
- Was kann ich tun, um dort zu sein, wo ich sein könnte?
- Was kann ich tun, um so zu sein, wie ich eigentlich gemeint bin?
- Was ist zu tun, um mir wirklich näherzukommen?
- Auf welchen Mangel will mich *dieser* Wunsch aufmerksam machen?
- Zu welchem Schritt fordert mich *dieses* Ziel auf?
- Welche Konsequenzen sind wesentlich, um diesen Mangel wirklich zu beseitigen und mir wirklich näherzukommen?
- Was ändert sich dadurch ab sofort in meinem Leben?
- Wie sieht mein Leben dadurch ab sofort aus?
- Was ist zu tun, damit ich dadurch wirklich lebensgerechter, stimmiger, optimaler lebe?
- Was ist notwendig, dass das Leben diese Lektion nicht zu wiederholen braucht?

Lassen Sie das »Mangelbewusstsein« los, und nehmen Sie das »Wohlstandsbewusstsein« in Ihrem Leben wahr!

Sie können den Code des Dankens und Segnens täglich auch für sich selbst anwenden. Zeigen Sie Ihrem Körper und Ihren Organen Wertschätzung für den guten Dienst, den diese Ihnen täglich erweisen. Die Aufmerksamkeit, die

Sie Ihren Organen liebevoll zukommen lassen, stärkt den gesamten Organismus und belohnt Sie mit unendlicher Energie, Gesundheit und Vitalität bis ins hohe Alter. Ein gutes Mittel, den Organen zu danken und ihnen Segen zuteilwerden zu lassen, sind Affirmationen. Affirmationen sind Bekräftigungsformeln: positive Worte und Glaubenssätze. In meiner jahrzehntelangen Praxis habe ich besondere Affirmationen entwickelt und bei unzähligen Patienten erfolgreich angewendet. Sie wirken ganz gezielt auf die jeweiligen Organe durch die entsprechenden stärkenden Seelenbotschaften.

Sie sind eingeladen, die nachfolgenden Affirmationen als tägliche Segensmeditation zu sprechen und damit zugleich aktive Gesundheitspflege zu betreiben:

Thymusdrüse
Ich liebe.
Ich glaube.
Ich vertraue.
Ich bin dankbar, und ein reicher Segen erfüllt mein Leben.

Lunge
Ich bin ausgewogen.
Ich bin herzlich.

Leber
Ich bin aus tiefstem Herzen froh und glücklich.
Ich mache auch andere glücklich.

Gallenblase

Ich nehme jeden Menschen so an, wie er gerade ist.
Ich wende mich anderen voll Liebe zu und lebe ein liebevolles Mit- und Füreinander.
Ich bin ausgeglichen und friedvoll.

Milz-Bauchspeicheldrüse

Ich bin voller Sicherheit und Selbstvertrauen.
Ich glaube und vertraue auf meine Zukunft.

Niere

Ich wende mich meinem Partner ganz in Liebe und Freude zu.
Meine sexuellen Energien sind ausgeglichen.

Dickdarm

Ich lasse alles los, was nicht mehr zu mir gehört.
Ich bin von Grund auf rein und gut.
Ich lebe in einer positiven Geisteshaltung.
Ich bin es wert, Liebe zu erfahren.
Alles ist gut, so wie es ist.

Kreislauf

Ich lebe bewusst in der Gegenwart.
Gelassen und harmonisch gehe ich durch mein Leben.
Ich bin großzügig und ausgewogen.
Ich wende erfolgreich das Gesetz des Gebens und Nehmens weise an.

Herz
Ich verzeihe mir und anderen.
Ich liebe mich selbst, so wie ich bin.
Ich wende mich anderen voller Liebe zu.

Magen
Ich akzeptiere das Leben so, wie es gerade ist.
Ruhig und gelassen bewege ich mich durch mein Leben.
Ich bin glücklich und lebensfroh.

Schilddrüse
Ich bin leicht und beschwingt.
Ich bin zuversichtlich.

Dünndarm
Ich denke bejahend und aufbauend.
Ich weiß, alles kann mir nur dienen und helfen.
Mein Herz hüpft vor Freude, und gelassen gehe ich durch mein Leben.
Ich bin ausgeglichen und friedlich.
Es geht mir gut, und dafür bin ich dankbar.

Zum Abschluss
Ich bin stark und voller Liebe, verwirkliche meine Wünsche und Aufgaben und erreiche sicher meine Ziele. Das Leben schenkt mir alle Gaben für ein stimmiges und reiches Leben!

Wenn Sie den Code des Dankens und Segnens anwenden, dann sind Sie ein Segen für jeden Menschen, der Ihnen begegnet. Als Segensbringer in all Ihren Gedanken, Worten und Taten dürfen Sie dann durch den Tag gehen und so ein Geschenk für jedes Wesen sein. Damit setzen Sie zugleich eine so starke Ursache, die eine wunderkräftige Wirkung in Gang setzt: Auch die anderen werden Ihnen zum Segen werden und Ihnen mit Wertschätzung begegnen. Das ist das tiefe Geheimnis des Codes des Dankens und Segnens.

Meditation zum Code des Dankens und Segnens

Zum Abschluss des Kapitels »Der Code des Dankens und Segnens« sind Sie zur Meditation »Vulkan-Übung« eingeladen.

Sie können die Meditation zunächst ganz durchlesen und anschließend mit geschlossenen Augen selbst nachvollziehen. Oder Sie sprechen die Meditation auf ein Diktiergerät und hören sich Ihre Aufzeichnung dann im entspannten Zustand an. Eine weitere Möglichkeit ist, dass Sie Ihren Partner oder einen guten Freund bitten, Ihnen die Meditation vorzulesen, während Sie sie Schritt für Schritt nachvollziehen.

Ich mache es mir jetzt einmal ganz bequem.
Ich schließe die Augen – und ich atme ganz tief und ruhig.
Ich bin jetzt ruhig und gelöst – und fühle mich wohl.
Ich lasse jetzt die Außenwelt los –
und ich richte meine Aufmerksamkeit nach innen.

Ich beobachte meinen Atem – ganz ruhig und tief ist mein Atem –,

und ich lasse ihn geschehen.

Ich atme jetzt ganz bewusst Licht und Klarheit ein.

Mit jedem Atemzug atme ich Licht und Klarheit ein –

und lasse sie beim Ausatmen in meinem Körper weit werden.

Ich werde so mit jedem Atemzug licht und mein Bewusstsein klarer.

Ich fühle mich leicht und froh.

Vor mir sehe ich jetzt einen Berg –

es ist ein hoher Berg.

Ich richte meine ganze Aufmerksamkeit jetzt auf diesen hohen Berg.

Ich nehme ihn mit allen Sinnen wahr.

Ich sehe jetzt, wie dieser Berg als Vulkan ausbricht.

Ich sehe ganz bewusst den Ausbruch dieses Vulkans.

Und ich sehe jetzt genauer hin, was aus diesem Vulkan herausgeschleudert wird.

Es werden jetzt die Dinge herausgeschleudert,

die ich loslassen darf.

Ich kann jetzt ganz bewusst alles herausschleudern,

was IN MIR noch verborgen war und was ich jetzt verabschiede.

Und ich beobachte genau, was da alles gehen kann.

Ich lasse mir Zeit.

Jetzt kann ich alles los-werden, was nicht mehr zu mir gehört.

Und ich beobachte genau, was sich jetzt von mir ab-sondert.

Ich weiß, diese Dinge gehören jetzt nicht mehr zu mir.

Ich bin frei davon.

Jetzt bemerke ich, dass der Ausbruch vorübergeht.

Es wird jetzt ganz still –,

und es fängt an zu regnen.

Es regnet immer mehr –,

und ich spüre, wie der Krater dabei abkühlen kann.

Alles ist jetzt ruhig und still.

Die Bewegung hat sich beruhigt und abgekühlt –,

und auch der Regen hat fast aufgehört.

Ich gehe jetzt zu dem Berg hin –

und gehe nach oben.

Ich bin am Krater angekommen –

und schaue jetzt hinein.

Ich kann von hier aus jetzt bis auf den Grund sehen –,

und ich kann damit den Dingen auf den Grund sehen.

Was hat die Eruption verursacht?

Was war der wahre Grund?

Was verursacht bei mir Re-Aktion?

Mir wird jetzt alles ganz klar und bewusst.

Jetzt sehe ich genauer hin auf den Grund –,

liegt dort noch etwas verschüttet?

Ganz klar und deutlich erkenne ich jetzt den Grund des Berges.

Ich erkenne eindeutig, welche Dinge noch in der Tiefe verborgen sind –,

und ich weiß, dass alles, was dort unten noch liegt, irgendwann zum Vorschein kommt.

Ich mache mir bewusst, was zu tun ist,

um diesen Vorgang angenehm zu gestalten.

Ich kann unbearbeitete Dinge mir auch jetzt bewusst machen –

sie akzeptieren, wie sie sind und waren –
verzeihen und sie segnen.

Wenn ich bereit bin, segne ich jetzt diese Dinge von ganzem
Herzen –
und erkenne, dass sie sich auflösen.
Die Kraft des Segens transformiert sie –
und macht mich frei davon.
Ich bin aus tiefstem Herzen dankbar für diese Erleichterung.
Wann immer ich den Dingen auf den Grund gehen will,
kann ich auf diesen hohen Berg zurückkehren
und kann auf den Grund sehen,
um verschüttete und verdrängte Dinge
aufzulösen, zu transformieren und zu segnen.
Ich habe damit die Chance, alles zu bereinigen
und so eine aufbauende Entwicklung zu fördern.
Ich mache dankbar Gebrauch davon,
wann immer mir danach zu Mute ist.

Jetzt aber kehre ich langsam wieder zurück ins Hier und Jetzt.
Ich spüre die Erleichterung, die mir dieser »Ausbruch« gebracht hat,
und mache mir noch einmal bewusst, wovon ich jetzt befreit
bin.

Ich danke diesen Dingen, dass sie mir halfen auf dem Weg zu
mir SELBST, und verabschiede sie – für IMMER.
Ich mache mir bewusst, dass ich JETZT frei bin von IHNEN.
Und dafür bin ich aus tiefstem Herzen dankbar.

Nun schließe ich die Meditation ab. Die Worte wirken weiter, und sie erleichtern mein tägliches Leben. Und dafür bin ich
dankbar.

Impulse zur praktischen Umsetzung

Wenn Sie mit der Macht des Dankens und Segnens arbeiten, sind Sie eingeladen, folgende Schritte täglich praktisch zu vollziehen:

- Lassen Sie den Segen »geschehen«.
- Nehmen Sie wahr, wie und wo Segnen geschieht. Spüren Sie, wie sich das anfühlt (als Wärme, als Vibration, Fließen oder Licht).
- Den Mut haben, sich *selbst* zu segnen und alle Aspekte des eigenen Seins zu segnen. Das ist höchste Selbstwertschätzung!
- Werden Sie selbst zum Segen für andere.
- Leben Sie ab sofort als Gesegneter segnend.

Der Code des Dankens und Segnens auf einen Blick

- Dankbar sein, das Leben als Geschenk erkennen und alles und jeden segnen – das ist Ausdruck höchster Wertschätzung.
- Alles ist ein heiliger Akt, wenn Sie dankbar sind und es segnen. Wenn Sie in dieser Haltung Ihr Leben führen, können Sie aus Ihrem Leben ein Meisterwerk machen.
- Ein Segen, der in die Welt gesandt wird, ist die reinste und feinste Form von Gedankenenergie und bewegt die stärkste Kraft des Universums, die Göttliche Liebe.

- Die Form des Segens ist unbedeutend. Sie können den Segen sprechen, singen, denken oder fühlen. Was zählt, ist die »Ehrlichkeit des Herzens«.
- Sie können den Code des Dankens und Segnens täglich auch für sich selbst anwenden. Zeigen Sie Ihrem Körper und Ihren Organen Wertschätzung durch dankbare Segnung.
- Je mehr Sie segnen und je mehr Sie Segen bringen, umso mehr Segen kommt zu Ihnen zurück.

Dankbarkeit ist das Gedächtnis des Herzens.

JEAN-BAPTISTE MASSILLON

9. Der Code der Freude

Lachen, freuen und glücklich sein. Lebendig und spontan sein – gern und bewusst mit Freude leben. Ja sagen zum Leben. Das ist der Code der Freude.

Ich glaube, dass das Leben ein Spiel ist. Ein kosmisches Spiel, das von der *einen Kraft* zu unserer Freude gespielt wird. Wenn ich das weiß, bin ich ab jetzt Spieler, nicht mehr Spielfigur. Schwierigkeiten und Herausforderungen machen das »Spiel des Lebens« erst interessant. Jedes gelöste Problem bringt Ihnen die wertvolle Erkenntnis: »Mein Platz ist dort, wo ich gerade stehe.« Ihr Glück ist dabei nicht abhängig von den Umständen, sondern von der Einstellung, die Sie dazu haben.

Sie besitzen nichts. Alles ist vom Leben geliehen. Alles sind nur »Spielsachen«, die Sie eines Tages ohnehin hier zurücklassen. Sie besitzen nichts wirklich, nicht einmal Ihr Leben. Das Einzige, was Sie mitnehmen, sind Ihre Erkenntnisse. Das ist, wofür Sie leben. So dürfen Sie lernen, »tätig zu danken« durch die Art, wie Sie leben. Dazu gehört, im Geist der Freude und Wertschätzung den Menschen, der Ihnen gerade gegenübersteht zu »erkennen« und ihn wahrzunehmen als der, der er wirklich ist. Das ist der größte Liebesdienst, den Sie einem anderen erweisen können. So erheben Sie ihn zu sich selbst.

Zum Spiel des Lebens gehört, dass Sie aktiv den nächsten Zug tun können. Sie selbst bestimmen Ihr Schicksal, und nur Sie können es ändern – alle Umstände. Ihre Lebensumstände sind ein Spiegelbild Ihres Bewusstseins. Am Grad der Freude in Ihrem Leben erkennen Sie auch, wieviel Freude in Ihrem Bewusstsein ist, das heißt, wieviel Gedanken, Gefühle und auch Worte der Freude täglich Ihre Begleiter sind.

Wenn Sie mehr Freude in Ihr Leben einladen möchten, dürfen Sie loslassen, was nicht (mehr) zu Ihnen gehört, damit Sie den Weg der Freude gehen können. Um den mühelosen Weg der Freude zu gehen, dürfen Sie zuerst erfahren, mit Angst umzugehen. Angst ist oft sehr eng mit dem Leben der Menschen verbunden. Das Wort kommt aus dem Lateinischen »angustus« = eng.

Wenn wir die Dinge zu eng sehen, zu begrenzt, dann bekommen wir Angst. Die Angst hat viele Gesichter: Wir haben Angst vor Schwierigkeiten, vor Katastrophen, einem Unfall, einem Zusammenbruch der Wirtschaft, einem Verlust. Wir haben Angst, einen geliebten Menschen zu verlieren, oder Angst, selbst das Leben zu verlieren. Angst ist für viele Menschen zu einem ständigen Begleiter geworden. Sie können sich ein Leben ohne Angst gar nicht mehr vorstellen.

Die am häufigsten genannten Ursachen für Angst, die ich in meiner langjährigen Praxis- und Seminartätigkeit gehört habe, sind:

- Erwartungen
- Enttäuschungen
- Misserfolge
- Schuldgefühle
- Versagen
- Sinnlosigkeit
- Ablehnungen
- Einsamkeit

Das aber sind bestenfalls die Auslöser für die Angst. Die eigentliche Ursache ist stets in mir, in der Enge meines Denkens, der fehlenden Rückbindung (= Religion) an den Urgrund des Seins. Sobald wir unser Bewusstsein erweitern, verschwindet die Angst.

Reden Sie Ihrem inneren Angsthasen gut zu, dann werden Sie mutiger. Das zeigte ein interessantes psychologisches Experiment, das Prof. Wolf Lauterbach und sein australischer Kollege Georg Eiffert durchgeführt haben. Ihre Versuchspersonen waren gebeten, sich einer zahmen, aber furchterregenden Python zu nähern, den Glasbehälter zu öffnen, das Tier herauszunehmen und auf den Schoß zu legen.

Ergebnis: Die Versuchsteilnehmer hatten nahezu alle gleich viel Angst vor der Schlange. Der einzige Unterschied bestand im Umgang mit der Angst. Die Mutigen redeten sich mit der doppelten Menge positiver Selbstaussagen Mut zu, so die Erkenntnis der Forscher. Ihre Schlussfolgerung: Wer seine Ängste in den Griff bekommen will, sollte aufmunternde Parolen parat haben. Dies gilt für das Bergsteigen, Tauchen, Prüfungen, Vorstellungsgespräche etc. In solchen Situationen kann man sich sagen: »Ich habe zwar ziemliche Angst, aber ich klettere da jetzt hoch, gehe jetzt da rein…, ich weiß, ich kann das, und es geht gut aus.«

Angst kann verschiedene Ursachen haben und auf unterschiedliche Weise erklärt werden. Damit Sie mit Ihren Ängsten gut umgehen können, dürfen Sie sich diese zunächst anschauen, um wichtige Selbsterkenntnisse zu gewinnen. Angst ist nichts Negatives, sondern ein Aspekt Ihrer Persönlichkeit, der Sie vielleicht schützen oder vor etwas bewahren möchte. Ein guter Ansatz ist es darum, Ihre Angst zu kennen, anzuerkennen und als hilfreichen Freund wertzuschätzen.

Nun schauen Sie sich Ihre Ängste genauer an. Ich habe Angst vor:

- Menschenmassen
- Flügen mit dem Flugzeug
- Zurückweisung
- Dem Altwerden
- Krankheit
- Dem Sterben
- Misserfolg und Verlust
- Einsamkeit
- Dem Verlassenwerden
- Langeweile
- Gewalt
- Armut
- Anderen Menschen

Welche der folgenden Erklärungsmöglichkeiten könnten bei Ihren Angstgefühlen zutreffen?

- Diese Angst ist das Ergebnis meiner Prägung und Erziehung in Elternhaus, Schule und Beruf.
- Diese Angst ist Teil meiner angeborenen Anlagen.
- Diese Angst ist typisch für unsere Kultur und Zivilisation.
- Diese Angst ist die Konsequenz des Konkurrenzdenkens in unserer Gesellschaft.
- Diese Angst ist die Konsequenz des Leistungsdrucks und des Erfolgszwangs, dem ich ausgesetzt bin.
- Diese Angst ist überlebensnotwendig für mich.
- Diese Angst ist Ausdruck einer Krankheit.
- Diese Angst ist Resultat von schmerzlichen Erfahrungen in meinem Leben.
- Diese Angst gehört zu mir, ist Teil meiner Persönlichkeit.

Sie dürfen nun vier Schritte lernen, um mit Ihren Ängsten gelassener umzugehen und damit mehr Freude in Ihr Leben einzuladen.

Erster Schritt
Denken Sie sich elf bis 14 Szenen aus, in der eine Person, die Ihnen gleicht, die Hauptrolle spielt. In jeder filmähnlichen Szene lassen Sie die Person eine bestimmte Angst erleben und meistern. Schreiben Sie die Szene und die ermutigenden Worte, die die Person sagt, auf. Jede Szene endet positiv.

Zweiter Schritt

Stellen Sie sich nun auf einem geistigen Bildschirm Ihre Filmszenen aus dem ersten Schritt vor. Halten Sie jedes Bild etwa 15 Sekunden vor Ihrem geistigen Auge fest. Es sollte ganz klar umrissen vor Ihnen stehen. Die Übung dauert gewöhnlich fünf bis zehn Minuten. Spielen Sie jede Szene eine Woche lang einmal täglich durch. Dann überprüfen Sie die Szenen und nehmen Verbesserungen vor. Wiederholen Sie sie täglich für weitere zwei Wochen.

Dritter Schritt

Begeben Sie sich nun konkret in die gefürchtete Situation. Buchen Sie einen Flug, oder begeben Sie sich in einen vollen Saal. Dann verhalten Sie sich ganz bewusst so wie die Personen in Ihren Phantasieszenen. Sie dürfen sich nun dieselben Selbst-Instruktionen erteilen und diese befolgen.

Vierter Schritt

Sie sind eingeladen, stets in der Übung zu bleiben – sowohl in der Phantasie als auch im täglichen Leben. Mit steigender Selbstbeherrschung ergibt sich gewöhnlich eine ständige Verminderung der Angst und zugleich eine Abschwächung Ihrer bisherigen Angstreaktion.

Die Angst vor dem Sterben und vor dem Tod ist nicht das, als was sie erscheint: Angst, nicht weiterzuleben.

Der Tod geht uns nichts an, denn solange wir sind, ist der Tod nicht da, aber wenn der Tod da ist, sind wir nicht mehr.

EPIKUR

Freilich kann man sich vor dem Leiden und den Schmerzen fürchten, die dem Sterben vorausgehen können, aber das ist etwas anderes als die Angst vor dem Sterben. Aber während es scheinen könnte, dass die Angst vor dem Sterben irrational sei, trifft das nicht zu, wenn das Leben als ein Besitz erlebt wird. Man hat dann nicht vor dem Sterben Angst, sondern davor, zu verlieren, was man hat – den Körper, das Ego, die Besitztümer, die Identität. Das ist die Angst, in den Abgrund der Nichtidentität zu blicken, »verloren« zu gehen.

In dem Maße, wie wir im Habenmodus leben, müssen wir das Sterben fürchten, und keine rationale Erklärung wird uns von dieser Angst befreien. Aber sie kann selbst noch in der Stunde des Todes gemildert werden – durch Bekräftigung der Liebe zum Leben, durch die Erwiderung der Liebe anderer, die unsere eigene Liebe entfachen kann. Und durch Wertschätzung dem Leben und anderen Menschen gegenüber.

Die Meisterung der Angst vor dem Sterben sollte nicht als Vorbereitung auf den Tod beginnen, sondern ein Teil des ständigen Bemühens sein, immer mehr vom Haben- in den Seinszustand überzugehen.

Der Weise denkt über das Leben nach und nicht über den Tod.

SPINOZA

Die Anleitung zum Sterben ist dieselbe wie die Anleitung zum Leben. Je mehr man sich des Verlangens nach Besitz in allen seinen Formen und besonders seiner Ichbezogenheit entledigt, desto geringer ist die Angst vor dem Sterben, da man nichts zu verlieren hat. Was bleibt ist die reine Freude am Leben und an der Leichtigkeit des *Seins*.

Zum Code der Freude gehört weiter, dass Sie Ihrem Leben einen Sinn geben. Fragen Sie nicht länger, welchen Sinn wohl Ihr Leben hat, sondern geben Sie Ihrem Leben den gewünschten Sinn. Die Antwort kann für jeden ganz anders ausfallen. Wichtig ist nur, dass diese Antwort Sie befriedigt und glücklich macht.

Einen Sinn aber hat das Leben für alle: Es soll Freude machen. Wenn Ihnen Ihr Leben keine Freude macht, dann machen Sie etwas falsch. Dann dürfen Sie das ändern, indem Sie loslassen, was keine Freude macht. Trennen Sie sich von belastenden Bekanntschaften und allem, was nicht mehr wirklich zu Ihnen gehört. Dann sind Sie endlich frei – frei für das wahre Leben.

Wenn Sie Ihr Leben gründlich »entrümpelt« haben, prüfen Sie einmal, ob Sie auf das Alter vorbereitet sind. Was verbinden Sie mit dem Alter?

Positiv
Gelassenheit, Ruhe, Harmonie, Sicherheit, Lebensfreude, Erfahrungen, Erkenntnisse, Weisheit, Souveränität, Freisein von Pflichten, Freizeitgestaltung, schöne Erinnerungen, Zeit für sich selbst, Reife und Anerkennung, Selbstfindung usw.

Negativ

Einsamkeit, Ausgeschlossensein, Isolation, Traurigkeit, Angst, Gebrechlichkeit, Krankheit, Frustration, Sinn- und Aussichtslosigkeit, freudloses Dasein, Interesselosigkeit, fehlende Anerkennung, Armut, mangelnde Liebe, Resignation usw.

Das Leben bietet Ihnen im Wesentlichen das, was Sie von ihm erwarten. Deshalb ist es sehr wichtig, dass Sie auch geistig in Ihrer Vorstellungswelt entrümpeln. Wenn Sie bis ins hohe Alter ein Leben voll Freude genießen wollen, beugen Sie am besten dem Altersstress vor, bevor Sie alt sind. Sollten Sie schon älter sein, können Sie dennoch gleich heute beginnen. Denn sein Bewusstsein klären kann man in jedem Alter.

Sie dürfen aus Ihrem Leben verabschieden, was da nicht (mehr) hineingehört. Stattdessen erfüllen Sie sich mit dem, was Ihnen Freude macht. Erwarten Sie vom Leben das Beste. Sie brauchen sich nicht mit weniger zufriedenzugeben. Sie haben es in der Hand, sich »Inseln der Behaglichkeit« zu schaffen, ganz gleich, auf welchen Platz Sie das Leben gestellt hat. Denn das Leben findet statt, ganz gleich, ob Sie teilhaben oder nicht. Aber überall wartet die Freude auf *Sie*!

Nutzen Sie als Schlüssel für den Code der Freude auch Affirmationen. Die kontinuierliche Wiederholung stärkt Ihr Selbstvertrauen und Ihr Selbstbewusstsein. Affirmationen setzen Kräfte in Ihnen frei, die Ihrer Persönlichkeitsentfaltung dienen und das Leben schöner und angenehmer machen. Mit Affirmationen können Sie sich selbst Wertschätzung erweisen und Ihr Potenzial weiter entfalten.

Wichtig bei der Formulierung von Affirmationen ist, dass Sie positive Gedanken in der Gegenwartsform kurz und prägnant ausdrücken.

Nachfolgend finden Sie einige Affirmationen für noch mehr Freude in Ihrem Leben:

- Jeder Tag ist erfüllt mit Freude.
- Ich bin eins mit der *einen Kraft*, die weiß, was gut für mich ist.
- Ich bin immer zur rechten Zeit am richtigen Ort und tue erfolgreich das Richtige.
- Warmherzig gebe und empfange ich Liebe.
- Ich gebe täglich mein Bestes für meine eigene Lebendigkeit und für die Lebendigkeit aller Menschen.
- Die Menschen stehen mir stets freundlich zur Seite.
- Ich bin eins mit der schöpferischen Kraft, die all meine Wünsche und Ziele manifestiert.
- Ich fühle mich heute den ganzen Tag heiter und wunderbar.
- Es bereitet mir Freude, das Aufbauende anzunehmen, und dadurch empfange ich immer mehr Gutes.
- Ich empfinde jetzt einen angenehmen und freudigen Frieden.
- Ich bin eine ewig fließende Quelle der Lebendigkeit.
- Ich spüre in allen Zellen Freude und Vitalität.
- Ich bin im Fluss mit dem Leben.

Meditation zum Code der Freude

Zur Verinnerlichung des Codes der Freude sind Sie nun eingeladen zur Meditation »Ich beginne ein neues von der Freude geführtes Leben«.

Sie können die Meditation zunächst ganz durchlesen und anschließend mit geschlossenen Augen selbst nachvollziehen. Oder Sie sprechen die Meditation auf ein Diktiergerät und hören sich Ihre Aufzeichnung dann im entspannten Zustand an. Eine weitere Möglichkeit ist, dass Sie Ihren Partner oder einen guten Freund bitten, Ihnen die Meditation vorzulesen, während Sie sie Schritt für Schritt nachvollziehen.

Ich habe jetzt die Wahl, ein ganz neues Leben zu beginnen – mein Leben. Die Chance, mich für »mich SELBST« zu entscheiden. Ich wähle zuerst mein Schicksal. Das, was mir an meinem bisherigen Leben gefällt, nehme ich mit, was nicht zu mir gehört, ändere ich jetzt.

Dann wähle ich mir einen neuen Körper und mache mir bewusst, wie dieser aussieht, wie er ist, was er kann. Dazu wähle ich auch eine neue Gesundheit. Mache mir bewusst, wie sind meine Zähne, meine Verdauung, meine Kraft und meine Bewegungen, das Wohlgefühl, das meinen neuen Körper durchströmt.

Nun wähle ich meinen Partner. Als Voraussetzung mache ich mir bewusst, wie ich als Partner ab heute bin. Wie verhalte ich mich als Partner? Und wen wähle ich? Mit welchen Eigenschaften? Verhaltensweisen? Werten?

Ich wähle auch eine neue Persönlichkeit für mich aus. Mache mir bewusst, welche Eigenschaften diese neue Persönlichkeit hat. Wie sie sich verhält und wie sie fühlt.

Nun entscheide ich mich für meinen Beruf. Werde ich studieren? Was will ich werden? Auf welchem Weg? Ich gehe einmal in die Erfüllung und prüfe sorgfältig, ob das wirklich das ist, was mich erfüllt. Ob es meiner Aufgabe und meinem Weg entspricht.

Dann wähle ich ganz bewusst meine Lebensaufgabe, den Sinn und Inhalt meines Lebens. Ich entscheide mich bewusst für den Weg und die Schritte, wie ich diese Aufgabe erfüllen werde.

Nun entscheide ich, in welchem Bewusstsein ich meinen Weg gehe. Wie hoch, wie weit, wie klar ist dieses Bewusstsein? Wie umfassend und wie liebevoll? Wie bewusst ist mir die Einheit mit allem? Erkenne ich das Höchste in allem und verhalte mich entsprechend?

Danach entscheide ich mich für meinen Wohnort. Welche Stadt oder welchen Ort wähle ich? Und wo dort werde ich wohnen? Wähle ich ein Haus oder eine Wohnung? Und wie sieht das aus? Wie ist es eingerichtet?

Dann wähle ich bewusst meine Hobbys. Wie erfülle ich meine Freizeit? Und mit wem? Ich gehe in jedes Hobby hinein und prüfe sorgfältig, ob es wirklich zu mir gehört. Und ob ich das bin?

Dann prüfe ich sorgfältig, ob alle Teile meines Seins stimmen. Ob ich das so bin, oder ob ich einen Aspekt besser ändern sollte? Dann gehe ich als »neuer Mensch« in ein »neues Leben«, in ein Leben der Freude und lebe bewusst als »ich Selbst« im Hier und Jetzt, und dafür bin ich dankbar.

Impulse zur praktischen Umsetzung

Was löst bei Ihnen Freude und Leichtigkeit des Seins aus? Praktizieren Sie Wertschätzung durch Freude, die Sie alleine erleben oder mit anderen teilen. Wählen Sie Ihre Freude schenkenden Favoriten.

- Natur
- Wandern
- Lachen
- Träumen
- Stille genießen
- Singen
- Reisen
- Sonnenuntergänge anschauen
- Musik hören oder selbst musizieren
- Tanzen
- Ski laufen
- Walken
- Malen
- Meditieren
- Mit Kindern oder Tieren spielen
- Mit Freunden zusammen sein
- Im Bett frühstücken
- Einfach genießen und leben

In diesen Augenblicken sind Sie ganz bei sich. Das ist die Grundlage für seelische und körperliche Gesundheit. Sie sind sich selbst anvertraut. Erweisen Sie sich Wertschätzung, indem Sie den Code der Freude anwenden. Lassen Sie sich angenehm überraschen, wieviel Energie dadurch freigesetzt wird.

Der Code der Freude auf einen Blick

- Lachen, freuen und glücklich sein. Lebendig und spontan sein – »Ja« sagen zum Leben. Das ist der Code der Freude.
- Um mehr Freude zu erleben, dürfen Sie das, was ihr entgegensteht, loslassen. Dazu zählen insbesondere Ängste.
- Lassen Sie belastende Beziehungen los.
- Geben Sie Ihrem Leben einen Sinn. Fragen Sie nicht länger, welchen Sinn wohl Ihr Leben hat, sondern geben Sie Ihrem Leben den gewünschten Sinn.
- Stärken Sie mit Affirmationen Ihr Selbstvertrauen, und gewinnen Sie so mehr Lebensfreude.

Die Welt ist voll von kleinen Freuden.
die Kunst besteht nur darin, sie zu sehen,
ein Auge dafür zu haben.

AUS CHINA

10. Der Code der Liebe

Die Liebe – alle sehnen sich nach ihr, keiner kann sich ihr entziehen, und manchen macht sie sogar Angst. Angst, sich selbst zu verlieren, dabei ist sie der schnellste Weg, sich *selbst* zu finden.

Die Einheit aber, die wir beim anderen zu finden hoffen, haben wir in Wirklichkeit nie verloren. Wir haben sie nur vergessen und lassen sie zum Tor werden auf dem Weg zu uns selbst. Einem Weg, auf dem wir uns gegenseitig an uns selbst erinnern. Daran, dass man Liebe nicht lernen braucht, weil man sie nicht verlernen kann, denn sie ist unser wahres Wesen. Das starke Gefühl, das uns mitunter bewegt, ist eine Auswirkung der Liebe, nicht aber die Liebe selbst, auch wenn wir es dafür halten.

Die Liebe selbst ist der Lohn der Liebe. Sie ist ein Weg, dem anderen zu begegnen und auch miteinander zu gehen, um letztlich bei sich *selbst* anzukommen. Liebe ist ein anderer Name für Bewusstsein, für die *eine Kraft*. Liebe ist Ihr wahres Wesen.

Die Liebesfähigkeit eines Menschen zeigt die Reife seiner Seele. Doch was die meisten Menschen Liebe nennen, hat mit Liebe wenig zu tun. Es gleicht einer Blüte, die vom Baum des Lebens gepflückt wird, bevor sie zur Frucht werden konnte. Der Code der Liebe möchte Sie vertraut machen mit der richtigen Hege und Pflege, damit es zu Reife und reicher Ernte kommt.

Das Leben und die Menschen lieben – wer liebt, lebt gesünder. Liebe, was ist das für Sie? Sie sind eingeladen, auf jeder Ebene einmal ganz bewusst hinzuspüren:

- Ein schönes Gefühl.
- Ein wunderschöner Gedanke.
- Ein bestimmter Bewusstseinszustand.
- Ein bestimmtes Verhalten.

Nun fragen Sie sich ganz ehrlich, wie es mit Ihrer Selbstliebe aussieht:

- Lieben Sie sich selbst auch so? Warum? Oder warum nicht?
- Was ändert sich durch diese Liebe? Wann?
- Was hilft Ihnen, so zu lieben?
- Stellen Sie sich vor, Sie lieben alle Menschen, die ganze Erde, das ganze Universum so.
- Stellen Sie sich vor, Sie erkennen in jedem Menschen und Wesen die *eine Kraft*!
- Stellen Sie sich vor, Sie lieben in allem die *eine Kraft*.

Wenn es Ihnen gelingt, die *eine Kraft* in sich zu lieben und in jedem anderen, dann erleben Sie durch diese *All*-umfassende Liebe alles in höchster Form.

Der Code der Liebe 201

Sie können den Code der Liebe ganz bewusst in jeder Begegnung mit anderen Menschen anwenden. Wenn Sie einen Raum betreten, der erfüllt ist von Menschen und Sie ein Unsicherheitsgefühl spüren, verbinden Sie sich einfach mit der *einen Kraft,* und lassen Sie sich von einem warmen Gefühl der Liebe durchströmen. Fühlen Sie diese Liebe in Ihrem Herzen, und lassen Sie diese aus Ihrem Herzen ausstrahlen. Gehen Sie auf einen Menschen zu, und sprechen Sie ihn aus aufrichtigem, liebevollem Herzen an. Lassen Sie sich überraschen, wie Ihr Unsicherheitsgefühl verschwindet und die Herzenstüren zu den anderen Menschen sich öffnen.

Die meisten Menschen meinen, es sei unmöglich, bewusst und willentlich weise und liebevoll zu werden. Lange Jahre habe ich eine ganz andere Erfahrung gemacht. Liebevolle Weisheit kann man sich nur bewusst und aktiv aneignen. Herumsitzen und warten, bis einem dieses Geschenk zuteilwird, bringt einen keinen Schritt weiter.

Allerdings brauchen Sie sich auf dem Weg zur liebevollen Weisheit nicht zu sehr mit verstandesgemäßem Wissen belasten. Intellektuelle Fragen sind für das spirituelle Wachstum ohne jede Bedeutung. Liebevolle Weisheit dagegen führt zu Klarheit und zu der Fähigkeit, die Wirklichkeit zu erkennen.

Erleuchtung ist Ihr Geburtsrecht, ja sogar Ihre Bestimmung, der Sie sich nicht entziehen können. Auf welchem Weg Sie diese aber erlangen, mit welchen Schritten und in welcher Zeit, das ist Ihre freie Entscheidung. Das Ergebnis nennen wir dann unser Schicksal. Auf dem spirituellen

Weg ist derjenige der größte Meister, der sich immer noch als Schüler sieht und so unentwegt weiterlernt und sich für neue Lernerfahrungen mit Wertschätzung öffnet. Zugleich gibt er alles, was er sich bereits angeeignet hat, lehrend weiter.

Die Motivation für diese Haltung ist die Liebe zu allen und allem. Aber diese Liebe ist nicht etwas, was man tun kann, die man sich erarbeiten kann, sondern Liebe ist Ihr wahres Wesen. Diese Liebe tritt in dem Maße in Erscheinung, wie Sie sich mit Ihrem wahren Wesen identifizieren, mit Ihrem wahren *Selbst*.

Wer die *eine Kraft* sucht, darf sie zuerst in allen Menschen finden. Das ist der direkte Weg. Wenn Sie diese *eine Kraft* gefunden haben, brauchen Sie sie nur noch durch sich wirken lassen. Das ist Liebe verströmen im reinen Geist.

> »Ich habe drei Schätze,
> die ich hüte und hege.
> Der eine ist Liebe,
> der zweite ist Genügsamkeit,
> der dritte ist Demut.
> Nur der Liebende ist mutig,
> nur der Genügsame ist
> großzügig.
> Nur der Demütige ist fähig zu herrschen.
>
> LAOTSE

Sie dürfen Liebe ganz praktisch im Alltag erfahren und leben.

Wer liebt, lebt gesünder. Die alte Volksweisheit »Liebe ist die beste Medizin« wurde durch Untersuchungen wissenschaftlich bestätigt. Unabhängig voneinander stellten Wissenschaftler aus Deutschland, Israel und England fest, dass es direkte Zusammenhänge zwischen Liebe, Sexualität und Gesundheit gibt.

Das erste Ergebnis lautet: Menschen, die intensiv lieben, leben gesünder und bis zu zehn Jahre länger als andere. Das hat nach Erkenntnissen der Forscher viel mit einem erfüllten Sexualleben und Leidenschaft zu tun. Doch ebenso wichtig für körperliches Wohlbefinden sind Vertrauen, Verständnis, Sanftmut, innere Harmonie und das Gefühl, sich in Krisenzeiten auf den anderen verlassen zu können. Kurz: Wertschätzung des Partners. Werden diese Bestandteile einer Partnerschaft brüchig oder gar zerstört, drohen typische »Liebeskrankheiten« wie Migräne, Magengeschwüre, Rückenschmerzen, Asthmaanfälle und Herzrhythmusstörungen.

So befragte Professor Aryeh Abramov vom Städtischen Gesundheitsamt Ichilov in Tel Aviv (Israel) Hunderte von Herzinfarkt-Patientinnen nach ihrem vorherigen Sexualleben. Dabei stellte sich heraus, dass die Patientinnen (im Alter zwischen 40 und 60 Jahren) zu 65 Prozent vor ihrem Infarkt ein unbefriedigtes Sexualleben geführt hatten. Grundsätzlich litten die meist frigiden Frauen, so Professor Abramov, häufiger an Herzanfällen als andere.

Professor Dr. Werner Habermehl registrierte im Rahmen eines Forschungsprojektes der Bielefelder Universität Ähnliches. Er stellte einen kleinen sexualmedizinischen Symptomkatalog zusammen. Darin benennt er sechs Störungen als Folge mangelnder Liebe:

Kopfschmerzen

Sie treten oft bei jenen Frauen auf, die sexuell bei ihrem Partner nur selten jene Erfüllung finden, die sie erhoffen. Aber auch wenn die körperliche Attraktivität des Partners schwindet und Zärtlichkeit und Sensibilität aus Gewohnheit nachlassen, treten gehäuft Kopfschmerzen und Migräneanfälle auf.

Kreislaufbeschwerden

Sie werden häufig durch ein ganzes Bündel von Störungen im Sexualleben ausgelöst. Zum Beispiel durch häufiges Alleinsein, sexuelles Desinteresse etc.

Esssucht

Bei absoluter Gleichgültigkeit und ständiger Lieblosigkeit des Partners wird oft mit übermäßigem Essen reagiert. Der kaum zu stillende Appetit wird dann zur Ersatzbefriedigung. Das Motto lautet: Statt Zärtlichkeiten und der Süße des Lebens gibt es Bonbons und Schokolade.

Magenbeschwerden

Wer sich vom Partner gefühlsmäßig zurückgestoßen fühlt (zum Beispiel durch Sätze wie »Das begreifst Du doch nicht«), reagiert mit Magenschmerzen, denn diese Kränkungen sind oft nur schwer zu verdauen. Es drohen Magengeschwüre.

Nervosität
Wer in einer Partnerschaft einsam ist, leidet oft an nervöser Unruhe. Nervosität kann aber auch ein Symptom für seelische Einengungen durch den Partner sein, der keine Freiräume mehr zulässt, also den Beherrscher spielt.

Schlaflosigkeit
Wer sich nicht geborgen fühlt, schläft oft schlecht. Auch das Gefühl, vom Partner körperlich nicht mehr begehrt und geistig nicht mehr gefordert zu sein, führt zu schweren Schlafstörungen.

Sie dürfen sich nun einmal ganz bewusst Ihre Partnerschaft anschauen. Wenn Sie derzeit keinen Partner haben, dann ist dies dennoch derzeit Ihre ideale Partnerschaft. Dann sind Sie sich selbst Ihr bester Partner oder dürfen es lernen zu sein. Wenn Sie stimmen und ein idealer Partner (geworden) sind, dann kann auch im Außen Ihr idealer Partner in Erscheinung treten.

Nun schauen Sie sich Ihre Beziehung einmal an. Wie fühlt sich diese an? Ist sie von Respekt, Warmherzigkeit und Wertschätzung getragen?

206 Der Code der Liebe

Sie dürfen sich fragen: Warum liebe ich den anderen? Wenn wir lieben, dann weil ...

- der andere mir körperlich gefällt ...
- der Partner so gut zu mir ist ...
- ich nicht Nein sagen kann ...
- der andere so fürsorglich ist ...
- der andere mich liebt ...
- mein Partner mir Sicherheit und Geborgenheit gibt ...
- wir uns im Bett gut verstehen ...
- dieser Partner Prestige bedeutet ....
- ich nicht allein sein kann ...
- eine Trennung gesellschaftlich nicht in Frage kommt ...
- ...

Solange Sie noch einen Grund haben, warum Sie den anderen lieben, lieben Sie ihn nicht wirklich.

Liebe ist nicht ...

- das starke Verlangen und Begehren
- der Wunsch jemanden besitzen zu wollen
- den Anderen ganz für mich haben zu wollen
- die Angst jemanden zu verlieren
- der Wunsch nach ständiger Nähe
- die Erwartung, der andere möge mich glücklich machen
- auf den Richtigen zu warten
- verliebt zu sein
- den anderen an sich zu binden

- die eigene Vorstellung einer Partnerschaft
- sich für den anderen aufzugeben
- ein Machtspiel
- verheiratet zu sein

Das eigentliche Wesen der Liebe lässt sich nicht beschreiben, man kann es nur erfahren. Jeder hat zumindest eine leise Ahnung davon, was Liebe ist, hat zumindest ansatzweise schon das Wesen der Liebe erfahren, vielleicht auch schon in ihrem vollen Ausmaß.

Es gibt nur die eine Liebe. Es gibt nicht die große oder kleine, die wirkliche oder unwirkliche, die echte oder unechte. Was existiert, ist die eine unendliche Liebe, die ihren Sitz im Herzen eines jeden Menschen hat. Liebe lässt sich ihrem Wesen nach nicht differenzieren, da sie eine allumfassende Einheit darstellt. Man kann sie jedoch in verschiedenen Stufen erfahren.

Zuerst liebt man nur, wenn man geliebt wird. Dann liebt man spontan, will jedoch wiedergeliebt werden. Später liebt man, auch wenn man nicht geliebt wird, doch liegt einem auf dieser Stufe daran, dass die Liebe angenommen wird. Und schließlich liebt man rein und einfach, ohne ein anderes Bedürfnis und ohne eine andere Freude als nur zu lieben.

Menschen sehnen sich danach, geliebt zu werden für das, was sie wirklich sind, und nicht für das, was sie tun, für die Position, die sie bekleiden, oder wegen ihres vergänglichen Äußeren. Wie schaut es aber oft in der Realität aus: Männer legen mehr Wert darauf, eine gut aussehende Frau zu bekommen, als umgekehrt. Soziale Überlegenheit bei Frauen imponiert Männern dagegen wenig bis gar nicht, ist eher ein Hindernis. Schöne Männer werden oft für wärmer gehalten, als sie in Wirklichkeit sind. Sind Männer freundlicher und einfühlsamer, haben Frauen das Gefühl, mit ihnen glücklicher werden zu können. Die Enttäuschung ist da schon vorprogrammiert.

Oft suchen wir auch nur deshalb die Liebe in einer Partnerbeziehung, weil wir unfähig sind, uns selbst zu lieben. Wenn ich aber nicht einmal mich selbst lieben kann, kann ich erst recht keinen anderen lieben, oder besser, ich kann einen anderen nur soweit lieben, wie ich mich selbst lieben und wertschätzen kann.

Zum Code der Liebe gehört die Erkenntnis, dass Selbstliebe und Selbstwertschätzung die wichtigsten Voraussetzungen für die Liebe zum anderen sind. Außerdem werde ich dem anderen nie glauben, dass er mich liebt, mögen die Beweise noch so zahlreich sein, wenn ich mich selbst nicht liebenswert finde.

Vielleicht mögen Sie sich einmal die Antwort auf die folgenden Fragen bewusst machen. Dies am besten in Ruhe und schriftlich:

- *Wen* lieben Sie am meisten?
- *Was* lieben Sie besonders am anderen?
- Und *warum*?
- *Was* brauchen/wünschen Sie sich (noch) vom anderen?
- Und *warum*?

- *Wie* äußert sich *Ihre* Liebe?
- Was würde sich ändern, wenn der andere Sie nicht mehr liebte?
- Fehlt Ihnen eventuell das, was Sie am anderen schätzen?
- Und *warum* fehlt es Ihnen?
- Was mögen Sie am anderen nicht?
- Welches *Tier* lieben Sie besonders?
- Und warum?
- Schätzen Sie seine Anhänglichkeit?
- Seine Treue?
- Oder etwas anderes?
- Finden Sie bei diesem Tier etwas, was Sie bei Ihrem Partner vermissen?

Jede Vorliebe ist ebenso wie jede Abneigung immer ein Hinweis auf einen Mangel in Ihnen. Was also zieht Sie magisch an, und was lehnen Sie ab? Gegen was sind Sie allergisch? Was macht Sie ängstlich? Nervös oder unruhig? Wo erleben Sie Lieblosigkeit und Zurückweisung? Und warum?

Durch die ehrliche Beantwortung dieser Fragen kommen Sie sich selbst ein gutes Stück näher, erkennen Sie mehr Wirklichkeit. Es kann allerdings sein, dass Ihnen die Wirklichkeit nicht so gut gefällt wie Ihre bisherige Vorstellung der Wirklichkeit. Aber erst, wenn Sie bereit sind, Ihre Lebensumstände anzuschauen, haben Sie eine Chance, sie zu ändern und das Leben in Liebe zu leben, das zu Ihnen gehört.

Zu einem Leben in Liebe und zu einer Partnerschaft, die getragen ist von gegenseitiger Wertschätzung und Respekt, gehört auch, dass Sie das »Du-Spiel« in Ihrer Beziehung anschauen.

Kennen Sie diese typische Situation in Streitgesprächen, wenn jeder von beiden überzeugt ist, dass er Recht und der andere Schuld hat? Jeder ist überzeugt, dass der andere nicht logisch denken kann, nicht richtig zugehört hat, alles im falschen Licht sieht... An dieser Stelle beginnt dann typischerweise das »Du-Spiel«. Alle Sätze, die jetzt folgen, beginnen mit dem Wort »du«:

- Du kümmerst dich nicht mehr um mich!
- Du lässt mir keine Freiheit!
- Du hast kein Vertrauen zu mir!
- Du verlangst immer, dass ich...
- Du willst immer Recht behalten!
- Du weißt es natürlich wieder besser!
- Du liebst mich nicht wirklich, sonst...
- Du solltest endlich einmal einsehen...
- Du solltest dich einmal sehen, wie du jetzt aussiehst!
- Du solltest endlich einmal...
- Nie kannst du...
- Du, du, du...

Jeder Gedanke, jedes Gefühl und jede Äußerung bezieht sich nur noch auf den anderen. Man wirft sich abwechselnd Sätze an den Kopf, die alle mit »Du« beginnen, ganz gleich, was sie sonst noch aussagen.

Ein solches Spiel ist nicht nur sinnlos, es ist auch tödlich für die Liebe. Dabei kann es jeder jederzeit beenden, denn die Lösung liegt nicht beim anderen, sondern bei mir selbst. Nicht umsonst heißt es: »Wer mit dem Finger auf den anderen zeigt, zeigt mit drei Fingern auf sich selbst!«

Das »Du-Spiel« ist sofort zu Ende, wenn Sie keinen Satz mehr mit »du« beginnen, sondern mit »ich«. Praktisch sieht das so aus:

- Ich bin gekränkt (statt: Du hast mich gekränkt.)
- Ich bin enttäuscht (statt: Du hast mich enttäuscht.)

Sie bleiben bei allem, was Sie sagen, bei sich und sprechen nur über Ihre Empfindungen, Wünsche und Bedürfnisse. Dann führen Sie das Gespräch so weiter, dass Sie den anderen einbeziehen, indem Sie ihn um Hilfe und Unterstützung bitten:

- Hilf mir ...
- Lass uns gemeinsam einen Weg finden ...
- Komm, wir schauen zusammen, was die optimale Lösung ist ...

Statt einen Schuldigen zu suchen, meistern Sie so das »Du-Spiel« und nutzen eine Krise als Wachstumschance. Wenn Sie diese Form der Gesprächsführung bewusst wählen, geschieht Veränderung in Ihrer Partnerschaft. Die gegenseitige Wertschätzung öffnet Herzenstüren und hebt Ihre Beziehung auf eine ganz neue, liebevolle Ebene.

Auf diesem Weg möchte Sie der Code der Liebe begleiten

und Ihnen zeigen, wie Sie aus dem Herzen leben. Die Gedanken unseres Kopfes und die Gefühle unseres Bauches sind lauter als die unseres Herzens. Sie drängen sich vor, und wir nehmen sie wichtiger. Dadurch stoßen wir nicht auf die tieferen Gedanken und heilsameren Gefühle des Herzens.

Alles, was aus dem Herzen kommt, ist zunächst leise und setzt sich nicht lautstark durch. Das Herz fragt und prüft. Es will keine Halbheiten. Immer, wenn ich etwas von ganzem Herzen will, bin ich auch ganz dabei und kann mich dann auch darauf verlassen. Das Herz ist die Mitte eines jeden Menschen, und wenn es stark und bestimmend ist, haben wir es mit einer Persönlichkeit zu tun.

Bei nachdenklichem Umgang mit mir selbst und mit anderen beobachte ich zunehmend, dass es in uns mehrere Stimmen gibt, die mitreden, wenn es um Entscheidungen geht. Es ist oft schwierig herauszuhören, was die einzelnen Stimmen wollen. Leichter wird die Unterscheidung, wenn Sie die verschiedenen Stimmen lokalisieren können.

Die Stimmen im Kopf
Der Kopf ist der Vertreter der Vernunft, der Prinzipien und dessen, was logisch und einleuchtend ist. Der Kopf weiß ziemlich genau, was Sie eigentlich tun sollten und vor allem, was die anderen zu tun haben!

Die Stimmen im Bauch
Der Bauch steht für die Stimmen, die aus dem Gefühlsbereich kommen. Sie sind oft nicht so sachlich und vernünf-

tig, dafür aber lauter und bunter und erscheinen auch viel lebendiger.

Der Kopf sagt Ihnen, was richtig und falsch ist und welche Folgen eine Entscheidung haben kann. Er warnt Sie oder befiehlt Ihnen. Ihre Eltern, Lehrer und viele andere ernsthafte Personen haben so mit Ihnen geredet. Und manchmal können Sie deren Stimmen in Ihrem Kopf hören.

Ihr Bauch dagegen redet spontan, kann alle Tonarten anstimmen und alle Register ziehen: laut, leise, ängstlich und begeistert, weinend und lustbetont. Er hat Wünsche, fürchtet aber, sie nicht erfüllt zu bekommen. Manchmal ist er mutig, oft jedoch zögernd. Meist sind die Stimmen des Bauches kräftig, lebhaft und nicht so nüchtern wie die Stimmen aus dem Kopf.

Die Stimme des Herzens
Die Stimme des Herzens ist die Intuition. Je mehr Sie sich öffnen, je mehr Sie bewusst sind (= sich Ihres wahren Wesens bewusst sind), desto schneller reagiert das Leben, und Sie bekommen Antworten, bevor Sie Fragen gestellt haben. Das Urteilen verschwindet und wird zur Wahrnehmung. Sie sehen und hören mit dem Herzen. Und damit sehen und hören Sie automatisch gut und richtig. Sie erkennen dann das Ewige in sich und sich als Teil dieser *einen Kraft*, als Teil und als das Ganze zugleich. Wenn Sie der Stimme und der Weisheit des Herzens folgen, dann ist Leben nur noch »Be-Geisterung« und eine Liebeserklärung an das Sein, reine Freude und Enthusiasmus im wahrsten Sinn des Wortes.

Denn das griechische Wort »En-theos« bedeutet: von göttlichem Geist, mit göttlicher Kraft erfüllt sein.

Der Code des Lebens macht Sie auch vertraut mit den Spielregeln für ein liebevolles, glückliches Miteinander:

Gehen Sie offen in Ihre Partnerschaft.
Lassen Sie alle Vorstellungen los, wie Ihr idealer Partner zu sein hat. Sonst suchen Sie nur die Verwirklichung Ihrer Vorstellung und nicht die Wirklichkeit. Sonst sind Sie nicht offen, sondern suchen, was Ihrer Meinung nach zu sein hat und halten nur das für normal und alles andere für falsch.

Lassen Sie alle Erwartungen los, wie der andere zu sein.
Dazu gehört auch, dass Sie den anderen weder erziehen noch ändern wollen. Sie dürfen erkennen: Ich habe keinen Anspruch auf den anderen, auch nicht auf ein bestimmtes Verhalten.

Erkennen Sie, dass Sie selbst zuerst ein idealer Partner sein dürfen, um einen idealen Partner zu bekommen.
Und so stellen Sie sich selbst die Aufgabe, von Tag zu Tag ein idealerer Partner zu werden, mit dem der andere gerne zusammen ist.

Stellen Sie keine Bedingungen oder Forderungen für die Liebe.
Dazu gehört auch der Verzicht auf Voraussetzungen (Ich liebe Dich nur, wenn ...)

Sehen Sie ein, dass es nicht wichtig ist, Recht zu haben oder zu gewinnen.

Wenn in einer Auseinandersetzung einer gewinnt, haben beide verloren.

Seien Sie authentisch und ehrlich, und spielen Sie keine Rolle.

Seien Sie im täglichen Miteinander geschmeidig und anpassungsfähig, ohne sich dabei aufzugeben.

Seien Sie autonom.

Das heißt, den anderen lieben und nicht brauchen. Der Schritt, einen anderen Menschen zu brauchen, zu gebrauchen und zu missbrauchen, ist klein.

Haben Sie Verständnis, auch ohne zu verstehen.

Richten Sie nicht, sondern richten Sie auf und aus.

So können Sie gemeinsam das Positive erkennen und anerkennen.

Seien Sie in ständiger Kommunikation mit dem anderen.

Das ist wichtig, um die unterschiedlichen Wünsche und Bedürfnisse zu klären und sich zu einigen.

Nehmen Sie keine Schuldzuweisungen vor (Verzicht auf das Du-Spiel).

Denn der andere hat nie etwas mit Ihrem Problem zu tun,

sondern ist immer nur ein Spiegel für einen Mangel in Ihnen.

Re-agieren Sie nicht, sondern agieren Sie.

Sehen Sie davon ab, den anderen besitzen zu wollen.

Verlangen Sie keine Versprechen.
Zum Beispiel: »Wirst Du mich auch immer und ewig lieben?«

Lieben Sie sich selbst.
Sie sind eingeladen, sich selbst Ihr bester Freund zu sein. Sie können den anderen nur in dem Maße lieben, wie Sie sich selbst lieben können.

Liebe ist die täglich wiederkehrende Freude am Vorhandensein des anderen.

Ziel ist ein Leben in Liebe und damit im Einklang mit der *einen Kraft*. Wer zuerst da ist, hat gewonnen, und zwar sich *selbst*. Er kann dann dem Partner helfen, auch zu sich selbst zu finden.

Meditation zum Code der Liebe

Zum Abschluss des Kapitels »Der Code der Liebe« sind Sie nun zu einer »Bewusstseins-Meditation« eingeladen:

Ich mache mir einmal bewusst, in welchem Bewusstsein ich gerade bin.

Ich mache mir einmal bewusst, WO mein Bewusstsein sich befindet: im Kopf, im Solarplexus oder im Herzen.

Ich verlagere nun einmal mein Bewusstsein ganz bewusst in den Solarplexus und spüre, wie es sich dabei verändert.

Dann verlagere ich einmal mein Bewusstsein ganz bewusst in den Kopf und spüre wieder, was und wie es sich dabei verändert.

Ich verlagere nun einmal mein Bewusstsein ganz bewusst in mein Herz und spüre, wie mein Bewusstsein ganz liebevoll wird: Ich bin liebevolles Bewusstsein.

Ich verlagere nun einmal ganz bewusst mein Bewusstsein in meine Krone, in mein Scheitelchakra, und spüre, wie mein Bewusstsein ganz weit und lichtvoll wird.

ICH BIN lichtvolles Bewusstsein.

Ich verteile nun mein Bewusstsein gleichmäßig auf mein Herz und meine Krone und bin ganz bewusst liebevolles und lichtvolles Bewusstsein.

Weisheit und Liebe bestimmen von nun an mein Denken, Fühlen, Reden und Handeln.

ICH BIN lichtvolles und liebevolles Bewusstsein.

Mein Bewusstsein ist »Jetzt« und immer von der Liebe erfüllt. So ist es, und dafür bin ich dankbar. Ich nehme diese Erkenntnis gerne in mein Leben und in meinen Alltag hinein.

Impulse zur praktischen Umsetzung

Stellen Sie sich einen Menschen vor, den Sie bedingungs- und vorbehaltlos lieben. Erleben Sie diese Liebe einmal mit ganzem Bewusstsein. Stellen Sie sich vor, diese Person sei jetzt bei Ihnen. Sie sitzt neben Ihnen, ganz nah. Nun lassen Sie Liebe geschehen. Verströmen Sie aus der Mitte Ihres Herzens, besser noch aus jeder Zelle, Liebe.

In einem weiteren Schritt strahlen Sie diese Liebe zu einem Menschen aus, den Sie nicht mögen. Senden Sie diesem Menschen aus der Mitte Ihres Herzens Ihre ganze Liebe und Wertschätzung.

In einem dritten Schritt schließen Sie die Erde, das Universum, das große Ganze in Ihre Liebe ein. Lassen Sie einfach Liebe geschehen. Verströmen Sie Liebe. Sie sind *eins* mit *all*en im Geist der Liebe. Sie *sind* Liebe.

Der Code der Liebe auf einen Blick

- Liebe ist Ihr wahres Wesen.
- Liebe ist ein anderer Name für Bewusstsein, für die *eine Kraft*.
- Es gibt nur die eine Liebe, – unendliche Liebe, die ihren Sitz im Herzen eines jeden Menschen hat.
- Die Liebe selbst ist der Lohn der Liebe.
- Wer liebt, lebt gesünder.
- Sie haben in jedem Augenblick den idealen Partner, auch wenn Sie gerade keinen Partner haben.

- Solange Sie noch einen Grund haben, warum Sie den anderen lieben, lieben Sie ihn nicht wirklich.
- Selbstliebe und Selbstwertschätzung sind die wichtigsten Voraussetzungen für die Liebe zum anderen.
- Leben und begegnen Sie anderen aus dem Herzen heraus.
- Ziel ist ein Leben in Liebe und damit im Einklang mit der *einen Kraft*.

In der Liebe versinken und
verlieren sich alle Widersprüche des Lebens.
Nur in der Liebe sind Einheit und Zweiheit
nicht im Widerstreit.

TAGORE

11. Praktischer Umgang mit dem Buch

Sie haben nun die zehn Codes kennengelernt, mit denen Sie den Zugang zur Kraftquelle Wertschätzung erhalten können. Jeder Code für sich ist ein wichtiges Teil des Puzzlespiels. Zusammen ergeben sie das große Bild.

Das Leben, Ihr Leben, beginnt jetzt mit der täglichen Ausrichtung auf Wertschätzung in Ihrem persönlichen und beruflichen Umfeld. Praktizieren und empfangen Sie Wertschätzung, wo und wann immer es Ihnen möglich ist. Sie können gar nicht zu viel Wertschätzung geben und erhalten.

Nachfolgend erfahren Sie einige lösungsorientierte Impulse, damit Sie die Früchte der Wertschätzung reifen lassen und genießen können. Sie können zum Beispiel eine Woche oder besser noch einen Monat lang Tagebuch führen und aufzeichnen, was Ihnen im Lauf des Tages begegnet ist und Ihnen einen Impuls zur Wertschätzung gibt. All die Menschen, Dinge und Erlebnisse, die Ihnen dabei auffallen, können Sie zum Anlass nehmen, um bei der erneuten Begegnung nun ganz gezielt Wertschätzung zu zeigen.

Überlegen Sie, wie Sie diesem Menschen, Wesen oder auch Gegenstand gegenübertreten möchten. Wie können Sie Ihre Wertschätzung individuell zeigen? Mit Worten? Gesten? Einem Lächeln? Einer Überraschung? Was ist stimmig für den anderen und für Sie?

Sammeln Sie so Ihre Erfahrungen, und prüfen Sie dann, was sich verändert: in Ihnen, aber auch in Ihren Beziehungen zu anderen Menschen. Verändert sich etwas in der Qualität der Begegnungen und der Beziehungen? Wie schaut Ihr Leben aus, nachdem Sie ein halbes oder auch ein ganzes Jahr lang mit der Wunderkraft der Wertschätzung gewirkt haben?

Sie sind eingeladen, mit den Überraschungskärtchen zu arbeiten, um so ganz praktisch im Alltag für Freude und Wertschätzung zu sorgen und zwar bei ganz fremden Menschen. Denn Sie kennen den nächsten Kunden im Blumenladen oder im Café nicht, für den Sie eine Rose oder einen Espresso spendieren. Was geschieht mit Ihnen und Ihrem Leben, wenn Sie auf diese Weise Segen in das Leben anderer Menschen bringen? Sie sind eingeladen, dieses Experiment ein halbes Jahr lang regelmäßig zu machen. Dann ziehen Sie Bilanz und entscheiden, ob Sie das Experiment in eine liebgewordene Gewohnheit umwandeln möchten.

Eine weitere praktische Anregung ist, dass Sie sich aus diesem Buch Ihre Lieblingsmeditation oder auch Meditationen auswählen und aufnehmen. Auch dabei ist Ihre Ausdauer gefragt. Sie dürfen mit dieser Meditation dann täglich mehrere Monate lang üben. Durch diese regelmäßige Praxis geschieht eine tiefgreifende Veränderung Ihres Bewusstseins, Ihrer Gedanken und Ihrer Haltung. Ganz automatisch verändert sich dadurch Ihr Leben.

Als weitere Anregung erhalten Sie nachfolgend hilfreiche Affirmationen, die Ihre Wertschätzungskraft anregen und

222 Praktischer Umgang mit dem Buch

bestärken. Wählen Sie sich aus dieser Fülle an Anregungen Ihre Lieblingsaffirmationen aus, mit denen Sie arbeiten möchten:

- Ich schätze die geistige Kraft wert.
- Ich schätze das Bewusstsein wert.
- Ich schätze das Potenzial der unendlichen Energie wert.
- Ich schätze die Verbundenheit mit der *einen Kraft* wert.
- Ich schätze die Stille und innere Ruhe wert.
- Ich schätze die Freude wert.
- Ich schätze die Dankbarkeit wert.
- Ich schätze die Liebe wert.
- Ich schätze die Weisheit wert.
- Ich schätze die Schöpfungskraft wert.
- Ich schätze das Vergängliche sowie das Ewige wert.
- Ich schätze das Große wie das Kleine wert.
- Ich schätze die Vollkommenheit sowie das scheinbar Unvollkommne wert.
- Ich schätze den liebevollen Umgang mit mir und anderen wert.
- Ich schätze die Natur und die Menschen in der Vielfalt wert.
- Ich schätze den Wald, die Bäume, Äste, Blätter, Stämme, Wurzeln etc. wert.
- Ich schätze die Eltern/den Partner/die Partnerin, die Kinder etc. wert.
- Ich schätze die Gesundheit und Beweglichkeit wert.
- Ich schätze das Geld, Auto, Fahrrad, Haus, Wohnung, Computer etc. wert.

Praktischer Umgang mit dem Buch **223**

- Ich schätze meine Arbeit, Beruf, Firma etc. wert.
- Ich schätze meine Tätigkeiten wert.
- Ich schätze das Erschaffen wert.
- Ich schätze das Zusammensein und das Alleinsein wert.
- Ich schätze die Vielfalt an Möglichkeiten wert.
- Ich schätze das innere und äußere Lächeln wert.
- Ich schätze die Unabhängigkeit wert.
- Ich schätze die Vielfältigkeit wert.
- Ich schätze die Kreativität wert.
- Ich schätze die Erscheinungsformen wert.
- Ich schätze die Leichtigkeit und Natürlichkeit wert.
- Ich schätze die Vielfalt und das Zusammenspiel der Farben wert.
- Ich schätze die sprachliche klare Ausdrucksform wert.
- Ich schätze alles wert, was ist, war und sein wird.

Alles hat seinen Wert!

Ausblick

Wenn Sie die Chancen nutzen, die ein Leben mit der wunderbaren Heilkraft der Wertschätzung eröffnet, dann wird Ihr Leben nicht mehr von alten Verhaltensmustern, Erwartungen und Wünschen bestimmt, sondern von Ihrem wahren Sein und dem wahren Sein der anderen. Sie und die anderen sind dann nicht mehr gut oder schlecht, sondern echt, ehrlich und authentisch. Sie haben dann die Einladung verstanden, sich zu öffnen – dem Leben, der Liebe, sich Selbst gegenüber. Sie haben Abschied genommen von dem, der Sie bis dahin waren, um ganz derjenige zu sein, der Sie in Wahrheit sind. Jesus sagt: *»Darum sollt Ihr vollkommen sein, gleich wie Euer Vater im Himmel vollkommen ist.«* Ich bin zu der Erkenntnis gekommen, dass dies in Wirklichkeit kein Befehl ist, auch keine Aufforderung, vollkommen zu werden. Ich glaube, es war eine schlichte Feststellung: Wir sind vollkommen, so wie wir sind, weil es im Kontinuum des Universums keine Trennung, kein Stückwerk gibt.

Wenn das Universum vollkommen ist, dann können wir in unserem eigentlichen Wesen selbst auch nicht anders als vollkommen sein. Der Weg zur Meisterschaft ist in meinen Augen der Weg der Erkenntnis, dass wir in unserem natürlichen Zustand vollkommen sind und uns mit Wertschätzung begegnen dürfen.

Wenn Sie letztlich jetzt schon vollkommen sind, dann hat der Weg zur Meisterschaft einen einzigen Zweck: Ihnen die Tatsache bewusst zu machen, dass Sie wirklich jetzt vollkommen sind. Was ist das doch für ein schönes Universum, das es dem Menschen ermöglicht, im alltäglichen Leben die Erhabenheit meisterhaften Handelns zu erfahren.

Und so dürfen Sie das Leben in jedem Augenblick genießen und wertschätzen, ganz gleich, was kommt.

Irgendwann wird die nächste Aufgabe des Lebens an Sie herangetragen, und Sie dürfen sich ihr stellen. Aber Sie entscheiden, mit welcher Einstellung Sie an diese Aufgabe herangehen: ob Sie sie als Schwierigkeit und unnötiges Leid ansehen oder als Geschenk des Lebens und als Chance, Erkenntnisse und eine neue Ebene des Seins zu gewinnen. Eine Ebene, auf der Sie sich selbst noch näher sind und auf der die Freude am Leben noch größer ist.

Mit dieser Einstellung bereitet schon die Chance zum Wandel Freude, und Sie nehmen die Herausforderung gerne an. Ja, mit der Zeit schätzen Sie die Phasen der Herausforderung mehr als die ruhigen Zeiten, die Ihnen das Leben auch immer wieder bietet, weil Sie erkannt haben, dass Sie mit der Lösung jeder Auf-*Gabe* Ihrem Ziel näher kommen. Doch ganz gleich, worin die Aufgabe bestehen mag, das Ziel sind immer *Sie selbst*.

Dann erkennen Sie, dass *jeder* Augenblick eine Neuwerdung ist, mit allen Risiken, aber auch allen Chancen. Dann haben Sie auch den Mut, sich vertrauensvoll, voll Wertschätzung dem Leben hinzugeben und wirklich »Ja« zu sagen zum Leben – zu Ihrem Leben. Sie erkennen sich als Teil der allumfassenden Ordnung, erkennen, dass auch Sie in Ordnung sind, so wie Sie sind, und nehmen sich in Ihrem So-*sein* dankbar an.

Sie erkennen weiter, dass das Leben aus einer unendlichen Reihe von ersten Schritten besteht. Was immer geschieht, gleicht einer ewigen Premiere ohne Generalprobe, ist immer neu und einmalig. Aber ganz gleich, wie es geht, es geht immer gut und Sie haben in jedem Augenblick die Wahl, welchen Weg Sie gehen und damit auf welcher Ebene des Seins Sie sich bewegen.

Erfüllung kann nur finden, wer seinen individuellen Lebensweg gefunden hat und ihn auch geht, weil er seine Lebensausgabe gefunden, angenommen hat und diese nun erfüllt. Dabei dürfen Sie entscheiden, ob Sie den sichersten, den schnellsten oder den angenehmsten Weg wählen. Jeden dieser Wege können Sie auf ganz verschiedene Art gehen.

Man kann den Lebensweg mit einer Bergbesteigung vergleichen. Sie befinden sich zunächst in einem engen Tal, mehr oder weniger weit entfernt vom Fuß des Berges. Übersetzt heißt das, Ihr Bewusstsein ist noch nicht erwacht und gleicht einem engen Tal mit sehr begrenztem Horizont.

Möchten Sie zum Berg, also sich dem Bewusstsein nähern, können Sie von Ihrem Standort aus nur in eine bestimmte Richtung gehen. Sie dürfen also zunächst einmal »zu Bewusstsein« kommen, erst dann können Sie Ihr Bewusstsein erheben, mit der eigentlichen Bergbesteigung beginnen.

Haben Sie sich auf den Weg zu sich selbst gemacht, sind Sie zu Bewusstsein gekommen, beginnt der Aufstieg. Nun gilt es, die Richtung, den Weg und Ihr Tempo zu bestimmen. Sie können in Serpentinen, mit Umwegen oder auf direkter Route emporsteigen. Wir alle sind, sobald wir erwacht sind, auf dem Weg zum Gipfel, zum Höchsten Bewusstsein.

Wenn Sie diesen Weg in einer Haltung der Wertschätzung sich selbst, den anderen, dem Leben und dem großen Ganzen gegenüber gehen, dann ist Ihnen ein rascher, unaufhaltsamer und erfolgreicher Aufstieg gewiss. In diesem richtigen Bewusstsein ist dann nichts weiter zu tun. Sie können das Richtige einfach geschehen lassen.

Das Leben...

Das Leben ist eine Chance, nutze sie.

Das Leben ist Schönheit, bewundere sie.

Das Leben ist Seligkeit, genieße sie.

Das Leben ist ein Traum, mach daraus Wirklichkeit.

Das Leben ist eine Herausforderung, stelle dich ihr.

Das Leben ist eine Pflicht, erfülle sie.

Das Leben ist ein Spiel, spiele es.

Das Leben ist kostbar, geh sorgfältig damit um.

Das Leben ist Reichtum, bewahre ihn.

Das Leben ist Liebe, erfreue dich an ihr.

Das Leben ist ein Rätsel, durchdringe es.

Das Leben ist Versprechen, erfülle es.

Das Leben ist Traurigkeit, überwinde sie,

Das Leben ist eine Hymne, singe sie.

Das Leben ist ein Kampf, akzeptiere ihn.

Das Leben ist eine Tragödie, ringe mit ihr.
Das Leben ist ein Abenteuer, wage es.
Das Leben ist Glück, verdiene es.
Das Leben ist das Leben, lebe es.
Mutter Teresa

Mit guten Wünschen für Ihr *wunder*volles Leben grüße ich Sie mit höchster Wertschätzung.

Herzlich
Ihr Kurt Tepperwein

Außerdem von Kurt Tepperwein erschienen

Bücher:
Lebe deine Kraft
Die Kraft der Intuition
Die Kunst mühelosen Lernens (mit CD)
Die geistigen Gesetze
Geistheilung durch sich selbst
Die hohe Schule des Lebens
Die Kunst, das Leben selbst zu steuern
Kausaltraining
Praxisbuch Mental-Training
Gesund für immer
Jungbrunnen Entsäuerung
Was Dir Deine Krankheit sagen will
Das macht mich krank
Die Botschaft Deines Körpers
HerzGedanken
Der Regenbogenweg zur Gesundheit

CDs:
Lebendige Weisheit
Jetzt verstehe ich mich
Selbstheilungskräfte aktivieren
Gesund und vital

Perfect Inner Health – Selbst-Hilfe bei Allergien
Perfect Inner Health – Selbst-Hilfe bei Migräne
Perfect Inner Health – Selbst-Hilfe bei Nervosität
Perfect Inner Health – Selbst-Hilfe für eine gute
Verdauung
Perfect Inner Health – Selbst-Hilfe bei Stress
Perfect Inner Health – Selbst-Hilfe bei Wetterfühligkeit

Register

Abenteuerreise (Test) 20
Ablehnungen 105, 187
Abneigung 208
Abramov, Aryeh 203
Achtsamkeit 80–101
Affirmationen 176, 193,
   222 f.
Aggressionen loslassen 26
Agieren 216
Allbewusstseins, Informations-
   feld des 90, 92
Alltag, Begegnungen 36
Alterskrankheiten 126
Altersspuren 120 f.
Altersstress 193
Änderungsbereitschaft 37
Anerkennung, fehlende 193
Angelus Silesius 126
Angewohnheiten loslassen
   (schlechte) 27
Angina Pectoris 83
Angst/Ängste 186 ff., 193
– Auslöser/Ursachen 187
– Erklärungsmöglichkeiten,
   persönliche 189
– loslassen 24

–, Umgang mit 189 f.
Anpassungsfähigkeit 215
Antwort(en), hilfreiche 151
Ärger 82
– loslassen 23 f.
Armut 156, 193
Assoziationstest 19 f.
Asthmaanfälle 83, 203
Aufgaben/Probleme lösen 36 f.
Aufmerksamkeit 110
Aurel, Marc 124
Ausgeschlossensein 193
Aussichtslosigkeit 193
Authentizität 215
Autonomie 215

Bauch, Stimmen im 212 f.
Bauchgefühl 91 *siehe auch*
   Intuition
Bedingungen 214
Begegnungen, Alltag 36
Behaglichkeit«, »Inseln der 193
Beobachten 22
Beruf, Selbsterkenntnis 17
Bescheidenheit 150
Besitzen wollen 216

232 Register

Bewegung 140
Bewusstsein 84
–, höchstes 104
–, positives 62
–, unsterbliches 12
Bibel 58, 145
Bilanz des Lebens, Fragen zur 39 ff.
Blau, Attribute 46
Blutdruck, erhöhter 83
Botschaft, Krankheit 130, 132
Botschaften des Lebens 105
Braden, Gregg 90
Buddha 56, 64, 94, 124, 148

Carnegie, Dale 88
Charakter, Selbsterkenntnis 19
Charakterschwächen 132
Chopra, Deepak 147

Dankbarkeit 174
Danken und Segnen 170–184
Dasein, freudloses 193
Delphi, Orakel 13
Denken 57–79
–, positives 59 ff.
Diagnose, Fragen 136 f.
Dickdarm, Affirmationen 177
Disziplin 37, 64
Dörfli-Test 41
Drehübung 81 f.
Dünndarm, Affirmationen 178
»Du-Spiel« 210 f., 215

Ebner-Eschenbach, Marie von 155
»Ego-Bewusstsein« 131
Ego(ismus/Ichbezogenheit) 11 f.
– loslassen 27
Ehrlichkeit 64, 215
Eiffert, Georg 187
Eigenwillen loslassen 29
Eile 15
Einsamkeit 187, 193
Einstein, Albert 90
Eitelkeit 15
Eltern, Selbsterkenntnis 18
Energieerhaltungsgesetz 112
Energiefluss, Basis 140
Enthusiasmus 213 f.
Entscheiden 37 f., 110
Entspannung 140
Enttäuschungen 187
– loslassen 25
Entwicklungsstand, Resonanz 81
Epikur 191
Erfahrungen 192
Erfolg 59, 90, 103, 107, 174
Erfolgsverhinderungsprogramm 109
Erinnerungen, schöne 192
Erkennen 22
Erkenntnis(se) 192
–«, »neun Schritte der 161 ff.
Erkenntnisbereitschaft 37
Erkenntnisweg (Geschichte) 148 f.

Erkrankungen, psycho-
somatische 127
Erleuchtung 48 f., 201
Ernährung 140
Erwartungen 32, 187, 214
– loslassen 25
Esssucht 204
Euripides 14
Evolution des Geistes 103

Farben, Attribute 45 ff.
Fehler machen 162
Fehlhaltungen 70
Fluss des Lebens 15
Forderungen 214
Freisein von Pflichten
192
Freizeitgestaltung 192
Freude 63, 140, 185–198
–, Affirmationen für 194
Freunde 197
Frühstücken im Bett 197
Frustration 193
Fühlen, positives 61
Fülle, Leben in 111

Gallenblase, Affirmationen
177
Ganzwerdungsprozess 137
siehe auch Heilung
Gebrechlichkeit 193
Gedanken 57, 80, 133, 162 siehe
auch Denken

– (positive) 194 siehe auch
Denken, positives
–, vorherrschende 63
Gedankenbeherrschung
(Übung) 65 ff.
Gedankendisziplin 59, 64
Gedankenenergie 71
Gedankenfallen 69 f.
Gedankenprogrammierung am
Abend (Übung) 67
Gefallsucht 15
»Geheimnis des ersten Wortes«
84
Geist, Evolution 103
Geisteskraft des Glaubens
145
Gelassenheit 29 f., 192
Gelb, Attribute 46
Geld(mangel) 156 f.
Genießen 197
Geschehen lassen 227
Geschichten
– Erkenntnisweg 148 f.
– Lernen und Glaube 147
Gesundheit 59, 118
– Selbsterkenntnis 19
Gewahrsein, reines 90
Gewinnerenergie 107
Gewissheit 111
Gewohnheiten 131
Ghandi, Mahatma 58
Glaube und Erkenntnis 145–155
Glück 59, 90, 103

234 Register

Goethe, Johann Wolfgang von 57, 127
Gott/das Göttliche 14, 126
Grün, Attribute 46

Habermehl, Werner 204
Handeln, positives 62
Harmonie 192
Heilung 35, 137, 118–144
Heilungshindernisse 132
Herausforderungen annehmen 225
Herz, Affirmationen 178
Herzens, Stimmen des 213 f.
Herzinfarkt-Patientinnen 203
Herzrhythmusstörungen 203
Hier und Jetzt 83, 170
Hinhören 84
Höflichkeit, liebevolle 85
Hummel-Phänomen 146
»Hunza-Geheimnis« 133 f.
Hunza-Volk (Himalaya) 133 ff.

Ichbezogenheit *siehe* Ego
I Ging 117
Imagination 111
Informationsfeld, morpho-
genetisches 92 *siehe auch*
Allbewusstsein
»Inseln der Behaglichkeit« 193
Interesselosigkeit 193
Intuition 88 f., 92, 213
–, Sitz der 91

Intuitionshindernisse 89
Intuitionstraining 89, 93
Isolation 193

Ja-Übung 163 f.
Jesus 103, 145, 224

Keller, Gottfried 58
Klarheit 37, 201
Kommunikation 215
»– mit dem eigenen Körper«
(Übung) 138 f.
Kompliment, verkapptes 87
Konfuzius 79
Konzentration 64
Kopf, Stimmen im 212
Kopfschmerzen 204
Krankheit 118 ff., 122 f.
– Botschaft 130
– Signale 122
– Ursache, verborgene 128
– Volksmund 130
Krankheit 59, 193
Krankheitsverlauf 127
Kreislauf, Affirmationen 177
Kreislaufbeschwerden 204
Kreisläufe erkennen 159 f.
Kreislauferlebnis 158
Krise der Lebensmitte 33
Kritik, Umgang 87

Lächeln 84
Lachen 197

Laotse 169, 202
Lauterbach, Wolf 187
Lazarus, Richard 83
Leben, positives 63
Lebens, Fluss des 15
Lebensaufgabe, Selbsterkenntnis 19
Lebensbejahung 164
Lebensbestimmung, Selbsterkenntnis 17
Lebensbilanz, Fragen zur 39 ff.
Lebensfreude 192 *siehe auch* Freude
Lebensmitte, Krise 33
Lebensweg als Bergbesteigung 226
Leber, Affirmationen 176
Leichtigkeit des Seins 192, 197
Leid(en) 59, 119, 124, 191
Lernen 64
Lernen und Glaube (Geschichte) 147
Liebe 199–219
»– verschenken« (Übung) 54
Liebesfähigkeit 199
Liebesgründe 206
»Liebeskrankheiten«, typische 203
Lila, Attribute 46 f.
Lob 87
Loslassen 23–29
Lunge, Affirmationen 176

Magen, Affirmationen 178
Magenbeschwerden 204 f.
Magengeschwüre 203
Malen 197
Mangel(bewusstsein) 41, 174 f.
Märchen 33
Materie 57, 80
Mauerüberquerung (Test) 20
Meditation(en) 94
– Achtsamkeit 97 ff.
– Danken und Segnen 179–182
– Denken 72–76
– Freude 195 f.
– Glaube und Erkenntnis 152 f.
– Heilung 140 ff.
– Liebe 217
– Schwingung und Resonanz 113 f.
– Selbstwertschätzung 49–54
– Vertrauen 165 ff.
Meditatives Bilderleben 20
Meditieren 197
Medizin, Liebe als 203
Meister Ekkehardt 94
Meister (erleuchteter) 149 ff.
Menschen, erfolgreiche (Eigenschaften) 107 ff.
Merksätze 164 f.
»Merkwürdigkeiten«, Tagebuch der 95 f.
Migräne 203
Milz-Bauchspeicheldrüse, Affirmationen 177

236 Register

Minderwertigkeitsgefühle
  loslassen 26
Misserfolg(e) 103, 147, 174, 187
Miteinander
–, Sensibilität im 86, 214 ff.
– »Spielregeln« 160
Morgensegen 172 f.
Morgenstern, Christian 104
Musik 197
Muskelverspannungen 30
Mut 60 f., 140, 187, 225
Mutter, Selbsterkenntnis 18
Mutter Teresa 228
Mythen 33

Natur 197
Natürlichkeit 150
Negativismus 164
»Nein« sagen 60
Nervosität 205
Niere, Affirmationen 177

Offenheit 214
Optimierung 111
Orakel, Delphi 13
Orange, Attribute 46
Organismus 176

Paracelsus 146
Partner, idealer 214
Partnerschaft 205, 209 ff.
– Selbsterkenntnis 18
Pech 59, 103

Persönlichkeit, Ausstrahlung
  109
Persönlichkeitsentfaltung 193
Positivität 140
Praktische Umsetzung der
  Codes (Impulse)
– Achtsamkeit 99 f.
– Danken und Segnen 183
– Denken 77 f.
– Freude 197 f.
– Glaube und Erkenntnis 154
– Heilung 142 f.
– Liebe 218
– Schwingung und Resonanz
  114 f.
– Selbstwertschätzung 54 f.
– Vertrauen 167 f.
Probleme/Aufgaben lösen 36 f.
Problemorgane 132
Psychohygiene 138
Psychohygiene 72
Pythia (Priesterin von Delphi)
  13 f.

Rechthaberei 215
Reden, positives 62
Reichtum, innerer 156
Reife und Anerkennung 192
Reinigung 14
Reisen 197
Resignation 193
Resonanzfähigkeit 103
– Test 106 f.

Respekt 84, 209
Reue loslassen 28
Richten/Verurteilen 215
Rollen spielen 215
Rot, Attribute 45
Rückenschmerzen 203
Rückschau, abendliche 72
Ruhe 140, 192

Satzergänzungstest 20 f.
»Schadensbegrenzung«, tägliche
83
Scheitelchakra-Übung 93
Schicksal 16, 59, 68, 103, 123 ff.,
201
»Schicksalsempfänger« 110 ff.
Schicksalsschläge 83, 119
Schilddrüse, Affirmationen 178
Schlafen 140
Schlaflosigkeit 205
Schlüsselfund (Test) 20
Schmerz(en) 119, 191
Schopenhauer, Arthur 58
Schöpfungsauftrag 125
Schuldgefühle 187
– loslassen 24 f.
Schuldige(n) suchen 210 f.
Schuldzuweisungen 215 f.
Schwächen, körperliche 132
Schwingung und Resonanz
102–117
Segen, Form 171
Segensmeditation 176

Segnens, Gesetz des 171
Sein 22, 94
Selbstbild
–, falsches 31 f.
–, positives 38 f.
Selbstehrlichkeit 35
Selbsterkenntnis
– Beruf 17
– Charakter 19
– Eltern 18
– Gesundheit 19
– Lebensaufgabe 19
– Lebensbestimmung 17
– Partner(schaft) 18
– Vater/Mutter 18
– Vergangenheit 18
»Selbst-Identifikation« 12, 41,
110, 133
Selbstfindung 192
Selbstliebe 200, 208, 216
Selbstmitleid 60, 71
– loslassen 28
Selbst-Sicherheit 31
Selbstverantwortung 140
»Selbst-Vergessenheit« 120
Selbstwertschätzung 11–56
– Meditation 49
Sensibilität im Miteinander 86
Sicherheit 192
Singen 197
Sinn des Lebens 192
Sinnlosigkeit 187, 193
Skilaufen 197

238 Register

Sonnenuntergänge 197
Sorge(n) 147, 156
Souveränität 192
Spiegel-Bild 38
Spiegelübung 54 f.
»Spiel des Lebens« 185 f.
Spielen 197
»Spielregeln«, Miteinander 160
Spinoza 191
Spiritualität 103
Sprache, Gebrauch 85
Sterben 125, 190 ff.
Stille 197
Stille-Sekunde 86
Stimmen im Bauch/Kopf/
  Herzen 212 ff.
Stress loslassen 24
Sufi(smus) 135
Sufi-Tradition 47
Symbole, Märchen/Mythen 33
Symptomkombinationen 132

Tagebuch der »Merkwürdig-
  keiten« 95 f.
Tanzen 197
Tao Te King 169
Tests
– Abenteuerreise 20
– Assoziationstest 19 f.
– Dörfli-Test 41–47
– Mauerüberquerung 20
– Meditatives Bilderleben 20
– Resonanzfähigkeit 104 f.

– Satzergänzungstest 20 f.
– Schlüsselfund 20
Thomas-Evangelium 103
Thymusdrüse, Affirmationen
  176
Tod 190 f.
Träumen 197
Traurigkeit 193
Tür-Übung 47

Übermaß 16
Überraschungskärtchen 221
Übungen
– Drehübung 81 f.
– Gedankenbeherrschung 65 ff.
– Gedankenprogrammierung
  am Abend 67
– Ja-Übung 163 ff.
– »Kommunikation mit
  dem eigenen Körper« 138 f.
– »Liebe verschenken« 54
– Scheitelchakra-Übung 93
– Spiegelübung 54 f.
– Tür-Übung 47
Umerleben, mentales 71
Universum 224
Unterbewusstsein, Zugang 20

Vater, Selbsterkenntnis 18
Verbalisieren 91
Vergangenheit
– loslassen 26 f.
– Selbsterkenntnis 18

Versagen 187
Versprechen 216
Verständnis 215
Vertrauen 156–169
Verurteilen/Richten 215
Violett, Attribute 47
Vitalität 118
Volksmund, Krankheits-
bilder 130
Vollkommenheit 31
Vorauserleben, mentales 71
Vorliebe(n) 105, 208 f.
Vorstellungsmuster 82

Wachstum, geistiges 151
Wahrheit Delphis 16
Wahrnehmung 88, 95
Walken 197
Wandel, Chancen zum 225
Wandern 197
Weisheit(en) 192
– aneignen (liebevolle) 201
–, sieben (Delphi) 14 ff.
Weltbild 82
Wertschätzung
– Geld 157
–, individuelle 220
Wirklichkeit 32, 72, 145,
201
Wohlbefinden, emotionales 139

Wohlstandsbewusstsein
41, 175
Wollen, positives 62
Worte, Gebrauch 85
Wünsche 174 f., 178
Wunschverwirklichungskraft
112

Zeit 15
– für sich selbst 192
Zeitebenen 105
Zen 101
Zufall 123
Zuhören 84
Zulassen 22
Zusammenfassungen der Codes
– Achtsamkeit 100 f.
– Danken und Segnen 183 f.
– Denken 78 f.
– Freude 198
– Glaube und Erkenntnis 154 f.
– Heilung 144
– Liebe 218 f.
– Schwingung und Resonanz
116
– Selbstwertschätzung 55 f.
– Vertrauen 168 f.
Zuverlässigkeit 64
Zuversicht 140
Zweifel 96, 147, 174

Produkte zum Wohlfühlen
Ausbildungen zum Durchstarten
DVDs zur Innenbildung
CDs zum Entspannen

Ihr Ansprechpartner für alle Lebensbereiche!

„Unsere Herzens-Aufgabe ist die Bewusstseinsentfaltung."

E-Mail: go@iadw.com
❖ **www.iadw.com** ❖

- ❖ Tepperwein-Heimlehrgänge
- ❖ Tepperwein-Kompaktlehrgänge
- ❖ Tepperwein-Ausbildungen

- ❖ Bücher
- ❖ CDs und DVDs
- ❖ Geschenksartikel
- ❖ Gesundheitsboutique

Internationale Akademie der Wissenschaften Anstalt
Postfach 1628, FL-9490 Vaduz
Tel: +423 233 12 12 / Fax: +423 233 12 14